JN066450

はじめに

　土地・建物についての法令上の制限（法令上の制限）の出題数は，50問中8問で16%を占めている。宅建試験の主要三分野のうち，民法や宅建業法と比較して出題数は少ないものの，受験者に比較的なじみの薄い法律が多く，また細かい数字が頻出するため，苦労する人が少なくないと思われる。

　法令上の制限の中心は，都市計画法と建築基準法である。

　出題頻度の高い項目は，都市計画法では，①地域地区と都市計画基準，②都市計画の決定手続，③開発許可制度，④都市計画施設内または市街地開発事業の区域内における規制，⑤地区計画等の区域内および都市計画事業の事業地内における規制などがあげられる。

　建築基準法では，①建築確認，②道路関係による制限，③建築物の用途制限，④容積率・建蔽率による制限，⑤建築物の高さの制限，⑥防火地域・準防火地域内の制限などがある。

　出題数は，都市計画法が2問，建築基準法が2問，国土利用計画法，宅地造成及び特定盛土等規制法，土地区画整理法，農地法で各1問と考えてよい。

　令和4年6月17日，住宅・建築物の省エネ対策を推進するための建築物省エネ法（正式名称は「脱炭素社会の実現に資するための建築物のエネルギー消費性能の向上に関する法律」）等の一部を改正する法律が公布された。改正法は，建築物の省エネ性能の向上を図る対策の抜本的な強化や，建築物分野における木材利用の促進に資する規制の合理化などを講じることを目的としており，多岐にわたる建築基準法の改正が含まれている。

　改正法は3年以内に順次施行されることになっている。主な改正点は次のとおりである。本テキストでは，令和6年4月1日現在施行されている改正法の内容に基づいて解説している。

【令和5年4月1日施行】居室の採光規定の見直し（28条1項），容積率等に関する制限の合理化（52条6項3号，58条2項等）

【令和6年4月1日施行】防火に関する制限の合理化（21条2項・3項等）

【令和7年6月までに施行】建築確認審査の対象となる建築物の規模の見直し（6条1項関係），構造計算が必要な木造建築物の規模の引き下げ（20条1項）

また，「地域の自主性及び自立性を高めるための改革の推進を図るための関係法律の整備に関する法律」（令和5年6月16日公布，法律第58号）が，令和6年4月1日に施行されることになっている。この改正により，小規模な建築物にかかる建築確認等のみを行う建築副主事が新設された。

宅地造成等規制法についても，令和3年，静岡県熱海市で盛土が崩落し大規模な土石流災害が発生したこと等を踏まえて抜本的に改正され，名称を「宅地造成及び特定盛土等規制法」と改め，土地の用途にかかわらず，危険な盛土等が包括的に規制されることとなった（令和4年5月27日公布，法律第55号）。改正法は，一部を除き，令和5年5月26日から施行されており，令和6年度宅建試験は改正法から出題されることになる。新設された特定盛土等規制区域内における工事等の規制の内容を中心に，対策を立てておく必要がある。

本書は，令和6年4月1日現在施行されている法令に基づいて解説されています。解説中，「法」は法律，「令」は政令（施行令），「則」は省令（施行規則）の略称です。なお，特に断りのない限り法律名の付されていない条文は，各分野の法律の条文です。

本文解説中，重要な部分や，試験によく出るキーワードは，太字（ゴシック体）や色で示してありますので，確実に覚えておくようにしましょう。また，本文右側余白の構成は，次のようになっています。

POINT　　　本文解説のポイントや補足説明をまとめてあります。

□Challenge　本文解説に関連のある過去の本試験問題の選択肢を，例題として収録してあります。例題の正誤はそのページの右下にありますので，確認してください。

↤R2・R3　　過去5年間の出題年度をあらわしています（令和2年度・3年度は10月試験と12月試験の2回分）。

土地・建物についての法令上の制限

1 都市計画法

❶都市計画区域の指定 ……………………………………………………………11

都市計画区域／準都市計画区域／都市計画に関する基礎調査，整備等の
方針

❷都市計画の内容 ……………………………………………………………………14

区域区分／地域地区／促進区域／都市施設／市街地開発事業／地区計画
等／地区計画／都市計画基準

❸都市計画の決定および変更 …………………………………………………26

都市計画を定める者／都市計画の決定手続／都市計画の変更／都市計画
の決定等の提案

❹開発行為の許可…………………………………………………………………………31

開発行為の意義／特定工作物の意義／開発許可の申請／許可申請の手続
／許可基準／開発許可の特例／許可または不許可の通知，変更の許可等
／工事完了の検査／公共施設の管理および土地の帰属

❺建築物の建築等の規制 …………………………………………………………40

工事完了公告前の建築制限／工事完了公告後の建築制限／建蔽率等の制
限／市街化調整区域内の建築制限／田園住居地域内の建築制限／事業計
画地内の建築制限／許可の基準／風致地区内の規制／地区計画の区域内
における行為制限

❻都市計画事業・都市施設等整備協定 ……………………………………45

都市計画事業施行地区内の行為制限／都市施設等整備協定

❼許可に基づく地位の承継 ……………………………………………………47

❽土地所有者の救済 ……………………………………………………………………47

土地・建物等の先買い／土地の買取請求／土地の先買い

2 建築基準法

❶建築基準法の適用範囲 ……………………………………………………52
　用語の定義／法の適用除外／建築主事または建築副主事
❷建築に関する手続 …………………………………………………………55
　建築確認／指定確認検査機関による確認／構造計算適合性判定／完了検
　査および使用制限
❸維持保全 ……………………………………………………………………60
❹違反建築物等に対する措置 ………………………………………………60
　違反建築物に対する措置／監督官庁への通報／保安上危険な建築物等に
　対する措置
❺建築物の敷地，構造および建築設備 ……………………………………63
　建築物の敷地の衛生および安全／構造耐力／木造の大規模建築物等の耐
　火性能にかかる制限／屋根および木造建築物等の外壁／大規模の木造建
　築物等の外壁および防火壁／特殊建築物の構造制限／衛生上の措置等／
　便所，避雷設備等／避難施設等／災害危険区域における建築行為の制限
❻道路関係による制限 ………………………………………………………71
　道路の定義／2項道路等／建築物の接道義務／道路内の建築制限／壁面
　線による建築制限
❼建築物の用途制限 …………………………………………………………77
　用途地域等／特別用途地区等
❽容積率による制限 …………………………………………………………81
　容積率の意義／容積率制限の内容／建築物の敷地が二以上の地域にわた
　る場合の措置／道路幅員による容積率制限の合理化／特定行政庁の許可
　による容積率の緩和
❾建蔽率による制限 …………………………………………………………88
　建蔽率の意義／建蔽率制限の内容
❿建築物の敷地面積 …………………………………………………………92

⓫外壁の後退距離の制限 ……………………………………………93

⓬建築物の高さの制限 ………………………………………………94

第１種低層住居専用地域等内における建築物の高さの制限／前面道路の
斜線制限／隣地境界線の斜線制限／北側境界線の斜線制限／日影による
中高層建築物の高さの制限

⓭高度地区内等における制限 ……………………………………102

高度地区内の制限／高度利用地区内の制限／敷地内に広い空地を有する
建築物の容積率等の特例／特定街区内の制限／都市再生特別地区内の制
限／居住環境向上用途誘導地区内の制限／特定用途誘導地区内の制限

⓮防火地域・準防火地域内等における制限 ……………………105

防火地域・準防火地域内の建築物／屋根／隣地境界線に接する外壁／看
板等の防火措置／建築物が防火地域・準防火地域の内外にわたる場合の
措置／特定防災街区整備地区内の制限

⓯地区計画等の区域内における規制 ……………………………107

⓰都市計画区域および準都市計画区域以外の区域内における制限 …108

⓱建築協定 …………………………………………………………108

建築協定の意義および目的／成立条件／締結の手続／建築協定の効力／
建築協定の変更および廃止／建築協定の設定の特則

3　国土利用計画法等

❶土地に関する権利移転等の許可 ………………………………112

規制区域の指定／権利移転等の許可

❷土地に関する権利移転等の届出（事後届出） ………………114

権利移転・利用目的等の届出／届出の適用除外等／土地の利用目的に関
する勧告・助言

❸遊休土地に関する措置 …………………………………………116

❹注視区域（事前届出） …………………………………………117

注視区域の指定／注視区域における権利移転等の届出／都道府県知事の
勧告

❺監視区域（事前届出） ·· 118

　監視区域の指定／監視区域における権利移転等の届出／勧告等

❻重要土地等調査法 ··· 120

　注視区域・特別注視区域の指定／届出制度

❼その他の法令に基づく制限 ··· 121

4　宅地造成及び特定盛土等規制法

❶宅地造成及び特定盛土等規制法 ································· 122

　用語の定義，基本方針・基礎調査

❷宅地造成等工事規制区域内における規制 ··················· 124

　宅地造成等に関する工事の許可／許可証の交付または不許可の通知と変

　更の許可等／完了検査等／中間検査／監督処分／工事等の届出／土地の

　保全等／改善命令

❸特定盛土等規制区域内における規制 ·························· 127

　工事の届出等／変更の届出等／特定盛土等または土石の堆積に関する工

　事の許可／許可証の交付または不許可の通知と変更の許可等／完了検査

　等／中間検査／定期の報告／監督処分／防災措置の勧告，改善命令

❹造成宅地防災区域内における規制 ····························· 131

　造成宅地防災区域内における災害防止措置／改善命令

❺標識の掲示，罰則 ··· 132

　標識の掲示／罰則

5　土地区画整理法

❶土地区画整理事業の施行者 ·· 134

　土地区画整理事業の意義／施行地区と施行区域／施行者

❷建築制限および建築物等の移転・除却 ······················· 139

　建築行為等の制限／建築物等の移転および除却

❸換地計画・仮換地の指定 ·· 140

　換地計画／保留地／仮換地の指定とその効果

❹換地処分・清算等 ……………………………………………………144
　換地処分とその効果／土地区画整理に伴う登記等／清算金／土地区画整
　理事業の重複施行の制限

6　農地法

❶農地の定義 ……………………………………………………………148
　この法律の目的／農地の定義と農地について権利を有する者の責務
❷農地または採草放牧地の権利移動の制限 ……………………………149
　権利移動の制限／許可の要否のポイント／許可することができない場合
❸農地の転用の制限 ……………………………………………………153
　転用の許可／許可することができない場合
❹農地または採草放牧地の転用のための権利移動の制限 ……………154
❺利害関係の調整等 ……………………………………………………156

　索　引 ………………………………………………………………157

法令上の制限

土地・建物について ての法令上の制限

1	都市計画法
2	建築基準法
3	国土利用計画法等
4	宅地造成及び特定盛土等規制法
5	土地区画整理法
6	農 地 法

1 都市計画法

都市計画法の概要

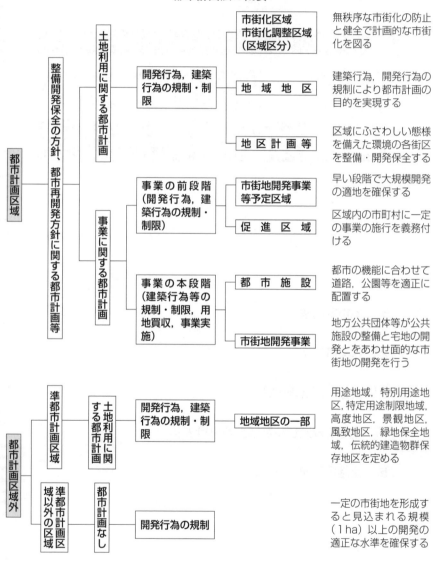

都市計画区域	整備開発保全の方針、都市再開発方針に関する都市計画等	土地利用に関する都市計画	開発行為, 建築行為の規制・制限	市街化区域 市街化調整区域 (区域区分)	無秩序な市街化の防止と健全で計画的な市街化を図る
				地域地区	建築行為, 開発行為の規制により都市計画の目的を実現する
				地区計画等	区域にふさわしい態様を備えた環境の各街区を整備・開発保全する
		事業に関する都市計画	事業の前段階 (開発行為, 建築行為の規制・制限)	市街地開発事業等予定区域	早い段階で大規模開発の適地を確保する
				促進区域	区域内の市町村に一定の事業の施行を義務付ける
			事業の本段階 (建築行為等の規制・制限, 用地買収, 事業実施)	都市施設	都市の機能に合わせて道路, 公園等を適正に配置する
				市街地開発事業	地方公共団体等が公共施設の整備と宅地の開発とをあわせ面的な市街地の開発を行う
都市計画区域外	準都市計画区域	土地利用に関する都市計画	開発行為, 建築行為の規制・制限	地域地区の一部	用途地域, 特別用途地区, 特定用途制限地域, 高度地区, 景観地区, 風致地区, 緑地保全地域, 伝統的建造物群保存地区を定める
	準都市計画区域以外の区域	都市計画なし	開発行為の規制		一定の市街地を形成すると見込まれる規模 (1 ha) 以上の開発の適正な水準を確保する

出典：(公財)不動産流通推進センター『宅地建物取引士講習テキスト』（一部変更）

1 都市計画区域の指定

⇔R2

都市計画法は，都市計画の内容およびその決定手続，都市計画制限，都市計画事業その他都市計画に関し必要な事項を定めることにより，都市の健全な発展と秩序ある整備を図り国土の均衡ある発展等に寄与することを目的としている。

❶都市計画区域

都道府県は，次に掲げる区域を**都市計画区域**として指定することができる（5条1項，2項）。指定にあたっては，あらかじめ，関係市町村および都道府県都市計画審議会の意見を聴くとともに，**国土交通大臣に協議**し，その同意を得なければならない（同条3項）。

ただし，都市計画区域が**二以上の都府県の区域**にまたがる場合には，広域的立場からの判断が必要となるので，**国土交通大臣**が，関係都府県の意見を聴いて指定する（同条4項）。

① **市または一定の町村の中心市街地**を含み，自然的，社会的条件ならびに人口，土地利用，交通量等の現況や将来の見通しからみて，一体の都市として総合的に整備し，開発し，保全する必要がある区域（必要があるときは，当該**市町村の区域外**にわたり，指定することができる）

② 首都圏整備法，近畿圏整備法，中部圏開発整備法による都市開発区域その他新たに住居都市，工業都市その他の都市（たとえば，研究学園都市）として開発し，および保全する必要がある区域

❷準都市計画区域

都道府県は，**都市計画区域外の区域**のうち，相当数の建築物等の建築またはこれらの敷地の造成が現に行われ，または行われると見込まれる区域を含み，かつ自然的および社会的条件ならびに農業振興地域の整備に関する法律その他の法令による土地利用の規制の状況等を勘案して，そのまま土地利用を整序し，

POINT

都市計画区域の指定は，原則として都道府県，例外として国土交通大臣が行う

☐Challenge

都道府県が都市計画区域を指定する場合には，一体の都市として総合的に整備し，開発し，保全する必要がある区域を市町村の行政区域に沿って指定しなければならない。

POINT

準都市計画区域は，都道府県が指定する

（×）

または環境を保全するための措置を講ずることなく放置すれば，将来における一体の都市としての整備，開発および保全に支障が生ずるおそれがあると認められる一定の区域を，準都市計画区域として指定することができる（5条の2第1項）。

　都道府県は，準都市計画区域を指定しようとするときは，あらかじめ，関係市町村および都道府県都市計画審議会の意見を

都市計画区域・準都市計画区域

都市計画区域	準都市計画区域
1　当該都市計画区域の整備，開発および保全の方針を定める 2　原則として，都道府県が，都市計画区域を指定する	都道府県が，都市計画区域外のうち，必要と認める区域を，準都市計画区域として指定する
1　都市計画の内容（8条1項） 　①　区域区分 　②　地域地区 　③　促進区域 　④　遊休土地転換利用促進地区 　⑤　被災市街地復興推進地域 　⑥　都市施設 　⑦　市街地開発事業 　⑧　市街地開発事業等予定区域 　⑨　地区計画等 2　開発行為の規制 3　建築規制 4　都市計画事業（都市計画施設の整備に関する事業および市街地開発事業）の施行	1　都市計画に，次に掲げる地域または地区で必要なものを定めることができる（8条2項） 　①　用途地域 　②　特別用途地区 　③　特定用途制限地域 　④　高度地区 　⑤　景観地区 　⑥　風致地区 　⑦　緑地保全地域等 　⑧　伝統的建造物群保存地区 2　開発行為の規制 3　建築規制 4　都市計画事業は行わない

都市計画の仕組み

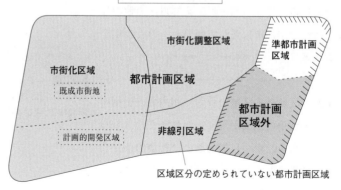

聴かなければならない（同条2項）。

準都市計画区域に指定されると、次のような**効果**が生ずる。

① 用途地域、特別用途地区、特定用途制限地域、高度地区、景観地区、風致地区、緑地保全地域または伝統的建造物群保存地区のうち、必要なものを定めることができる（8条2項）。

② 準都市計画区域内において一定の開発行為（土地の区画形質の変更）をしようとする場合には、都道府県知事の許可を受けなければならない（29条）。

③ 準都市計画区域（都道府県知事が都道府県都市計画審議会の意見を聴いて指定する区域を除く）内において建築物の建築をしようとする場合には、建築基準法に基づく建築主事の確認を受けなければならない（同法6条1項4号）。

❸**都市計画に関する基礎調査、整備等の方針** ────

都道府県は、**都市計画地域**について、おおむね**5年ごと**に、人口規模、産業分類別の就業人口の規模、市街地の面積、土地利用、地価の分布、建築物の状況等の現況および将来の見通しについての**調査**を行うこととしている（6条1項）。また、都道府県は、**準都市計画区域**について必要があると認めるときは、都市計画に関する基礎調査を行うものとする（同条2項）。

次に、都市計画区域については、都市計画に、当該都市計画区域の整備、開発および保全の方針として、①に掲げる事項を定めるとともに、②および③に掲げる事項を定めるよう努めるものとしている（6条の2）。

① 法7条1項に規定する区域区分の決定の有無および当該区域区分を定めるときはその方針

② 都市計画の目標

③ ①に掲げるもののほか、土地利用、都市施設の整備および市街地開発事業に関する主要な都市計画の決定の方針

□**Challenge**
準都市計画区域については、都市計画に準防火地域を定めることができる。

POINT
都道府県が、5年ごとに基礎調査を行う

（×）

2 都市計画の内容

⊕R1・R2・R3・R4・R5

都市計画とは，都市の健全な発展と秩序ある整備を図るための土地利用，都市施設の整備および市街地開発事業に関する計画をいう（4条1項）。

また，都市計画は，都市の健全な発展と秩序ある整備を図るため，12頁の表に掲げる各種の都市計画を有機的に関連させながら，総合的かつ一体的に定められる。

❶区域区分

都市計画区域について無秩序な市街化を防止し，計画的な市街化を図るため必要があるときは，都市計画に，**市街化区域**と**市街化調整区域**との区分（区域区分）を定めることができる（7条1項）。

POINT
市街化区域，市街化調整区域などを定める

市街化区域では少なくとも用途地域を定め，市街化調整区域では原則として用途地域を定めない(13条1項7号)。また，非線引区域，準都市計画区域内においても用途地域を定めることができる。

●市街化区域

市街化区域とは，①すでに市街地を形成している区域（**既成市街地**）と，②おおむね10年以内に**優先的かつ計画的に市街化を図るべき区域**（**計画的開発区域**）をいう（7条2項）。

POINT
優先的かつ計画的に市街化を図るべき区域である

ここでいう「おおむね10年以内に優先的かつ計画的に市街化を図るべき区域」とは，事業予定地というような意味ではなく，次に述べる市街化調整区域よりも優先して市街化の努力を払うべき区域という意味である。したがって，この区域のとり方は，当然に都市計画区域の人口，産業等の現状と将来の見通し等から客観的に決められるべきものである。

●市街化調整区域

市街化調整区域とは，当面，市街化を抑制すべき区域をいう（同条3項）。すなわち，この区域は非市街化区域ともいうべき

POINT
市街化を抑制すべき区域である

14

性質のものであるが，全面的に開発を禁止するという区域ではなく，開発の見通しが確立されるまで，当分の間，**市街化を抑制**しようという区域である。

この区域では，市街地として開発するために必要な公共投資は原則として行われないから，結果的に区域の発展が抑制されることになる。

しかし，絶対的に市街化の可能性を奪うものではないので，都市周辺の膨張によって，しだいに市街化の波が打ち寄せてくれば，当然に市街化を図る必要が生じ，市街化区域に変更されることになる。

□**Challenge**
市街化区域はすでに市街地を形成している区域であり，市街化調整区域はおおむね10年以内に優先的かつ計画的に市街化を図るべき区域である。

❷地域地区

都市計画区域については，都市計画に用途地域等の地域地区を定めることができる（8条1項）。都市における土地利用に計画性を与え，適正な制限のもとに土地の合理的な利用を図ろうとするものである。

POINT
都市機能の維持増進および適正な都市環境を保持する目的で定める都市計画である

❸促進区域

都市計画区域については，都市計画に次の促進区域を定めることができる（10条の2）。

① 都市再開発法の規定による市街地再開発促進区域
② 大都市地域における住宅及び住宅地の供給の促進に関する特別措置法の規定による土地区画整理促進区域，住宅街区整備促進区域
③ 地方拠点都市地域の整備及び産業業務施設の再配置の促進に関する法律の規定による拠点業務市街地整備土地区画整理促進区域

促進区域については，都市計画に，促進区域の種類，名称，位置および区域のほか，別に法律で定める事項を定めるものとするとともに，区域の面積その他の事項を定めるよう努めるものとする。

POINT
市街地の再開発などを促進するために定められる区域

（×）

用途地域（8条1項，9条1項〜13項）と都市計画で定める建築物の規制（8条3項2号）

種　類		内　容	建築物の規制
住居系	第1種低層住居専用地域	低層住宅にかかる良好な住居の環境を保護するため定める地域	外壁の後退距離の限度 建築物の高さの限度
	第2種低層住居専用地域	主として低層住宅にかかる良好な住居の環境を保護するため定める地域	
	田園住居地域	農業の利便の増進を図りつつ，これと調和した低層住宅にかかる良好な住居の環境を保護するため定める地域	
	第1種中高層住居専用地域	中高層住宅にかかる良好な住居の環境を保護するため定める地域	容積率・建蔽率（商業地域を除く）・敷地面積の最低限度
	第2種中高層住居専用地域	主として中高層住宅にかかる良好な住居の環境を保護するため定める地域	
	第1種住居地域	住居の環境を保護するため定める地域	
	第2種住居地域	主として住居の環境を保護するため定める地域	
	準住居地域	道路の沿道としての地域の特性にふさわしい業務の利便の増進を図りつつ，これと調和した住居の環境を保護するため定める地域	
商業系	近隣商業地域	近隣の住宅地の住民に対する日用品の供給を行うことを主たる内容とする商業その他の業務の利便を増進するため定める地域	
	商業地域	主として商業その他の業務の利便を増進するため定める地域	
工業系	準工業地域	主として環境の悪化をもたらすおそれのない工業の利便を増進するため定める地域	
	工業地域	主として工業の利便を増進するため定める地域	
	工業専用地域	工業の利便を増進するため定める地域	

その他の地域地区（8条1項，9条14項以下）

種　類	内　容
特別用途地区	用途地域内において，特別の目的からする土地利用の増進，環境の保護等を図るため，建築物の用途の制限・禁止に関して条例で定める地区
特定用途制限地域	用途地域が定められていない土地の区域（市街化調整区域を除く）で，良好な環境の形成または保持のため当該地域の特性に応じて合理的な土地利用が行われるよう，制限すべき特定の建築物等の用途の概要を定める地域
特例容積率適用地区	第1種・第2種中高層住居専用地域，第1種・第2種住居地域，準住居地域，近隣商業地域，商業地域，準工業地域または工業地域内において，未利用となっている容積の活用を促進して土地の高度利用を図るため定める地区
高層住居誘導地区	第1種・第2種住居地域，準住居地域，近隣商業地域または準工業地域（容積率が10分の40または10分の50の区域に限る）内において，高層住宅の建設を誘導するため，建築物の容積率の最高限度，建築物の建蔽率の最高限度および建築物の敷地面積の最低限度を定める地区

高度地区	用途地域内において市街地の環境を維持し，または土地利用の増進を図るため，建築物の高さの最高限度または最低限度を定める地区
高度利用地区	用途地域内の市街地における土地の合理的かつ健全な高度利用と都市機能の更新とを図るため，建築物の容積率の最高限度および最低限度，建築物の建蔽率の最高限度，建築物の建築面積の最低限度ならびに壁面の位置の制限を定める地区
特定街区	市街地の整備改善を図るため街区の整備または造成が行われる地区について，その街区内における建築物の容積率ならびに建築物の高さの最高限度および壁面の位置の制限を定める街区
都市再生特別地区	都市の再生の拠点として緊急かつ重点的に市街地の整備を推進すべき地域（都市再生緊急整備地域）のうち，土地の合理的かつ健全な高度利用を図る特別の用途，容積，高さ等の建築物の建築を誘導するため定める地区
居住調整地域	都市の居住者の居住を誘導するため市町村が定める居住誘導区域外の区域で，住宅地化を抑制すべき区域
居住環境向上用途誘導地区	居住誘導区域にかかる居住環境向上施設を有する建築物の建築を誘導する必要があると認められる区域
特定用途誘導地区	誘導施設（医療施設，福祉施設，商業施設等）の立地の適正化を図るため，市町村が作成する計画（立地適正化計画）に基づいて定める区域
防火地域 準防火地域	市街地における火災の危険を防除するため定める地域
特定防災街区整備地区	密集市街地内の土地の区域について，その区域および周辺の密集市街地における防災機能の確保と土地の合理的かつ健全な利用を図るため定める地区
景観地区	市街地の良好な景観の形成を図るため定める地区
風致地区	都市の風致を維持するため定める地区
駐車場整備地区	商業地域・近隣商業地域内等の自動車交通が著しく輻輳（ふくそう）する地区等で，道路の効用を保持し，円滑な道路交通を確保するため定める地区
臨港地区	港湾管理者が，港湾を管理するため定める地区
歴史的風土特別保存地区	歴史的風土保存区域内において，歴史的風土の保存上枢要な部分を構成している地区
緑地保全地域，特別緑地保全地区，緑化地域	都市緑地法により定める地区（緑地保全地域については都市計画区域または準都市計画区域内の緑地で，特別緑地保全地区は都市計画区域内の緑地で，緑化地域は用途地域が定められている区域内で定められる）
流通業務地区	特定の大都市の区域内において，幹線道路，鉄道等の整備状況に照らして，流通機能の向上および道路交通の円滑化を図るため定める地区
生産緑地地区	市街化区域内の一定規模以上の農地等の区域について，公害の防止または災害の防止等良好な生活環境の確保と公共施設等の敷地の確保を図るため定める地区
伝統的建造物群保存地区	伝統的建造物群およびこれと一体をなしてその価値を形成している環境を保存するため定める地区
航空機騒音障害防止地区（特別地区）	特定空港（成田国際空港）周辺において航空機の著しい騒音が及ぶこととなる地域について，騒音による障害を防止し，あわせて合理的な土地利用を図る地区

❹都市施設

　都市計画区域については，都市計画に，次に掲げる施設を定めることができる。この場合において，とくに必要があるときは，当該都市計画区域外においても，これらの施設を定めることができる（11条）。

① 道路，都市高速鉄道，駐車場，自動車ターミナルその他の交通施設

② 公園，緑地，広場，墓園その他の公共空地

③ 水道，電気供給施設，ガス供給施設，下水道，汚物処理場，ごみ焼却場その他の供給施設または処理施設

④ 河川，運河その他の水路

⑤ 学校，図書館，研究施設その他の教育文化施設

⑥ 病院，保育所その他の医療施設または社会福祉施設

⑦ 市場，と畜場，火葬場

⑧ 一団地の住宅施設（一団地における50戸以上の集団住宅およびこれらに付帯する通路その他の施設）

⑨ 一団地の官公庁施設（一団地の国家機関または地方公共団体の建築物およびこれらに付帯する通路その他の施設）

⑩ 流通業務団地

⑪ 一団地の津波防災拠点市街地形成施設

⑫ 公衆電気通信施設または防風，防火，防水，防雪，防砂もしくは防潮の施設（令5条）

❺市街地開発事業

　都市計画区域については，都市計画に，次に掲げる市街地開発事業を定めることができる（12条）。

① **土地区画整理事業**……都市計画区域内の土地について，公共施設の整備改善および宅地の利用の増進を図るため，土地区画整理法で定めるところに従って行われる**土地の区画形質の変更および公共施設の新設・変更に関する事業**

② **新住宅市街地開発事業**……都市計画法および新住宅市街

□**Challenge**

都市施設は，適切な規模で必要な位置に配置することにより，円滑な都市活動を確保し，良好な都市環境を保持するよう定めることとされており，都市計画区域外には定めることはできない。

（×）

地開発法で定めるところに従って行われる**宅地の造成，造成された宅地の処分および宅地とあわせて整備されるべき公共施設の整備に関する事業**ならびにこれに付帯する事業

③　**工業団地造成事業**……首都圏または近畿圏の近郊整備地帯（近畿圏では近郊整備区域という）内または**都市開発区域内**において行われる製造工場等の敷地の造成およびその敷地とあわせて整備されるべき道路，排水施設，鉄道，倉庫その他の施設の敷地の造成またはそれらの施設の整備に関する事業ならびにこれに付帯する事業

④　**市街地再開発事業**……市街地の土地の合理的かつ健全な高度利用と都市機能の更新とを図るため，都市計画法および都市再開発法で定めるところに従って行われる**建築物および建築敷地の整備ならびに公共施設の整備に関する事業**ならびにこれに付帯する事業

⑤　**新都市基盤整備事業**……都市計画法および新都市基盤整備法に従って行われる**新都市の基盤となる根幹公共施設の用に供すべき土地および開発誘導地区に充てるべき土地の整備に関する事業**ならびにこれに付帯する事業

⑥　**住宅街区整備事業**……大都市地域における住宅及び住宅地の供給の促進に関する特別措置法で定めるところに従って行われる**土地の区画形質の変更，公共施設の新設または変更および共同住宅の建設に関する事業**ならびにこれに付帯する事業

⑦　**防災街区整備事業**……密集市街地整備法により，密集市街地において特定防災機能の確保と土地の合理的かつ健全な利用を図るため，**公共施設の整備および防災性能を備えた建築物の整備事業**

❻地区計画等

都市計画区域については，都市計画に次に掲げる計画を定めることができる（12条の4第1項）。

① **地区計画**……比較的小規模な地区を単位として，建築物の建築形態，公共施設その他の施設の配置等からみて，一体としてそれぞれの区域の特性にふさわしい態様を備えた良好な環境の各街区を整備し，開発し，および保全するための計画（12条の5第1項）

② **防災街区整備地区計画**……密集市街地の土地の区域内で，特定防災機能の確保を図るうえで必要となる配置および規模の公共施設がない区域，あるいは，特定防災機能に支障を来している区域などで，特定防災機能の確保と土地の合理的かつ健全な利用を図るため，当該区域の各街区を防災街区として一体的かつ総合的に整備する計画

③ **歴史的風致維持向上地区計画**……地域におけるその固有の歴史および伝統を反映した人々の活動とその活動が行われる歴史上価値の高い建造物およびその周辺の市街地とが一体となって形成してきた良好な市街地の環境の維持・向上ならびに土地の合理的かつ健全な利用を図るための計画

④ **沿道地区計画**……沿道整備道路（幹線道路網を構成する道路のうち，都道府県知事が指定したもの）に接続する土地の区域で，道路交通騒音により生ずる障害の防止と適正かつ合理的な土地利用の促進を図るため，一体的かつ総合的に市街地を整備する計画

⑤ **集落地区計画**……集落地域の土地の区域で，営農条件と調和のとれた良好な居住環境の確保と適正な土地利用を図るため，当該集落地域の特性にふさわしい整備および保全を行う計画

POINT
地区計画等については，都市計画に，地区計画等の種類，名称，位置および区域を定めるものとする（12条の4第2項）

❼地区計画

① **地区計画**は，次に掲げる条件に該当する土地の区域について定めることとしている（12条の5第1項）。

(1) 用途地域が定められている土地の区域

(2) 用途地域が定められていない土地の区域のうち，次の

いずれかに該当するもの

- イ　住宅市街地の開発その他建築物もしくはその敷地の整備に関する事業が行われる，または行われた土地の区域
- ロ　建築物の建築またはその敷地の造成が無秩序に行われ，または行われると見込まれる一定の土地の区域で，公共施設の整備の状況，土地利用の動向等からみて不良な街区の環境が形成されるおそれがあるもの
- ハ　健全な住宅市街地における良好な居住環境その他優れた街区の環境が形成されている土地の区域

② 地区計画については，都市計画に，地区計画の種類，名称，位置および区域のほか，次の(1)に掲げる事項を定めるものとするとともに，(2)および(3)に掲げる事項を定めるよう努めるものとする（12条の5第2項）。

- (1)　主として街区内の居住者等の利用に供される道路，公園，街区における防災上必要な機能を確保するための避難施設等の地区施設および建築物等の整備ならびに土地の利用に関する**地区整備計画**
- (2)　当該地区計画の目標
- (3)　当該区域の整備，開発および保全に関する方針

③ 地区計画の区域の全部または一部について，次に掲げる条件に該当するときは，**再開発等促進区**を都市計画に定めることができる（同条3項）。

- (1)　現に土地の利用状況が著しく変化しつつあり，または著しく変化することが確実であると見込まれる土地の区域であること。
- (2)　土地の合理的かつ健全な高度利用を図るため適正な配置および規模の公共施設を整備する必要がある土地の区域であること。
- (3)　当該区域内の土地の高度利用を図ることが，当該都市

POINT
地区整備計画においては，地区施設の配置・規模，建築物等の用途の制限，建築物の容積率の最高限度・最低限度，建築物の建蔽率の最高限度等を定めることができる

□Challenge
再開発等促進区は，地区計画について土地の合理的かつ健全な高度利用と都市機能の増進とを図るため，一体的かつ総合的な市街地の再開発又は開発整備を実施すべき区域をいう。

（○）

の機能の増進に貢献することとなる土地の区域であること。

(4) 用途地域が定められている土地の区域であること。

④ 次に掲げる条件に該当する土地の区域における地区計画については，劇場，店舗，飲食店その他の特定大規模建築物の整備による商業その他の業務の利便の増進を図るため，**開発整備促進区**を都市計画に定めることができる（同条4項）。

□**Challenge**
第二種住居地域における地区計画については，一定の条件に該当する場合，開発整備促進区を都市計画に定めることができる。

(1) 現に土地の利用状況が著しく変化しつつあり，または著しく変化することが確実であると見込まれる土地の区域であること。

(2) 特定大規模建築物の整備による商業その他の業務の利便の増進を図るため，適正な配置および規模の公共施設を整備する必要がある土地の区域であること。

(3) 当該区域内において特定大規模建築物の整備による商業その他の業務の利便の増進を図ることが，都市機能の増進に貢献することとなる土地の区域であること。

(4) 第2種住居地域，準住居地域もしくは工業地域が定められている土地の区域または用途地域が定められていない土地の区域（市街化調整区域を除く）であること。

また，再開発等促進区または開発整備促進区を定める地区計画においては，前記②に掲げるもののほか，都市計画に，次の(1)に掲げる事項を定めるとともに，(2)に掲げる事項を定めるよう努めるものとしている（同条5項）。

(1) 道路，公園その他の公共空地の配置および規模

(2) 土地利用に関する基本方針

❽**都市計画基準** ───────────────

都市計画区域について定められる都市計画は，国土形成計画，三大都市圏の整備計画，地方総合開発計画，都府県総合開発計画などのほか，国土計画または地方計画に関する法律に基づく

(○)

計画および道路，河川，鉄道などの施設に関する国の計画に適合しなければならない。

　また，次の基準に従って，土地利用，都市施設の整備および市街地開発事業に関する事項で，当該都市の健全な発展と秩序ある整備を図るため必要なものを，一体的かつ総合的に定めるとともに，当該都市における自然環境の整備または保全に配慮しなければならない（13条1項）。

① **都市計画区域の整備，開発および保全の方針**……当該都市の発展の動向，当該都市計画区域における人口および産業の現状および将来の見通し等を勘案して，当該都市計画区域を一体の都市として総合的に整備し，開発し，および保全することを目途として，当該方針に即して都市計画が適切に定められることとなるように定めること。

② **区域区分**……当該都市の発展の動向，当該都市計画区域における人口および産業の将来の見通し等を勘案し，産業活動の利便と居住環境の保全との調和を図りつつ，国土の合理的利用を確保し，効率的な公共投資を行うことができるように定めること。

③ **都市再開発の方針**……市街化区域内において，計画的な再開発が必要な市街地について定めること。このほか，住宅市街地の開発整備の方針，拠点業務市街地の開発整備の方針，防災街区整備方針についても規定を置いている。

④ **地域地区**……土地の自然的条件および土地利用の動向を勘案して，住居，商業，工業その他の用途を適正に配分することにより，都市機能を維持増進し，かつ，住居の環境を保護し，商工業等の利便を増進し，良好な景観を形成し，風致を維持し，公害を防止するなど適正な都市環境を保持するように定めること。

　また，**市街化区域**については少なくとも用途地域を定め，**市街化調整区域**については，原則として用途地域を定めな

いこと。

⑤　促進区域……**市街化区域または区域区分が定められていない都市計画区域内**において，主として関係権利者による市街地の計画的な整備，または開発を促進する必要があると認められる土地の区域について定めること。

⑥　都市施設……土地利用，交通等の現状および将来の見通しを勘案して，適切な規模で必要な位置に配置することにより，円滑な都市活動を確保し，良好な都市環境を保持するように定めること。

　また，**市街化区域および区域区分が定められていない都市計画区域**については，少なくとも道路，公園および下水道を定め，**第1種・第2種低層住居専用地域，第1種・第2種中高層住居専用地域，第1種・第2種住居地域，準住居地域および田園住居地域**については，義務教育施設をも定めること。

⑦　市街地開発事業……**市街化区域内または区域区分が定められていない都市計画区域**において，一体的に開発し，または整備する必要がある土地の区域について定めること。

⑧　市街地開発事業等予定区域……市街地開発事業にかかるものにあっては**市街化区域または区域区分が定められていない都市計画区分内**において，一体的に開発し，または整備する必要がある土地の区域について定めること。また，都市施設にかかるものにあっては，当該都市施設が⑥の前段の基準に合致するような土地の区域について定めること。

⑨　地区計画……土地利用の現状および将来の見通しを勘案し，当該区域の各街区における防災，安全，衛生等に関する機能が確保され，かつ，その良好な環境の形成または保持のため，その区域の特性に応じた合理的な土地利用を目途として，当該計画に従って**秩序ある開発行為，建築また**

□**Challenge**
第1種・第2種低層住居専用地域，第1種・第2種中高層住居専用地域，第1種・第2種住居地域，準住居地域及び田園住居地域については，都市施設のうち少なくとも道路，公園，下水道及び義務教育施設を定める。

（○）

は施設の整備が行われることとなるように定めること。この場合において，次のイ～ハの地区計画については，当該地区計画に定めるところによること。

イ　**市街化調整区域**における地区計画……市街化区域における市街化の状況等を勘案して，地区計画の区域の周辺における市街化を促進することがない等当該都市計画区域における計画的な市街化を図る上で支障がないように定めること。

ロ　**再開発等促進区**を定める地区計画……土地の合理的かつ健全な高度利用と都市機能の増進とが図られることを目途として，一体的かつ総合的な市街地の再開発または開発整備が実施されることとなるように定めること。この場合において，第1種・第2種低層住居専用地域および田園住居地域については，再開発等促進区の周辺の低層住宅にかかる良好な住居の環境の保護に支障がないように定めること。

ハ　**開発整備促進区**を定める地区計画……特定大規模建築物の整備による商業その他の業務の利便の増進が図られることを目途として，一体的かつ総合的な市街地の開発整備が実施されることとなるように定めること。この場合において，第2種住居地域および準住居地域については，開発整備促進区の周辺の住宅にかかる住居の環境の保護に支障がないように定めること。

また，**準都市計画区域**について定められる都市計画は，前述の法13条1項に規定する国土計画もしくは地方計画または施設に関する国の計画に適合するとともに，地域の特質を考慮して，次に掲げるところに従って，土地利用の整序または環境の保全を図るため必要な事項を定めなければならない。この場合，当該地域における自然的環境の整備または保全および農林漁業の生産条件の整備に配慮しなければならない（13条3項）。

① 地域地区は，土地の自然的条件および土地利用の動向を勘案して，住居の環境を保護し，良好な景観を形成し，風致を維持し，公害を防止する等地域の環境を適正に保持するよう定めること。

② 上記①の基準を適用するについては，都市計画に関する基礎調査（6条2項）の結果に基づくこと。

3 都市計画の決定および変更

❶都市計画を定める者

POINT
都道府県および市町村が定める

都市計画は，都道府県と市町村が定める。例外として二以上の都府県にわたる都市計画区域にかかる都市計画については，国土交通大臣および市町村が定める（15条，22条）。

● 都道府県が定める都市計画

次に掲げる都市計画は，都道府県が定める（15条1項）。

① 都市計画区域の整備，開発および保全の方針に関する都市計画

② 区域区分に関する都市計画

③ 都市再開発方針等に関する都市計画

④ 地域地区に関する都市計画のうち，都市再生特別地区，居住調整地域，居住環境向上用途誘導地区，特定用途誘導地区，臨港地区，歴史的風土特別保存地区，第1種・第2種歴史的風土保存地区，緑地保全地域，特別緑地保全地区，緑化地域，流通業務地区，航空機騒音障害防止地区または航空機騒音障害防止特別地区に関する都市計画

⑤ 広域的見地から決定すべき一定の地域地区，広域的見地から決定すべき都市施設または根幹的都市施設に関する都市計画

⑥ 市街地開発事業に関する都市計画（国等が施行する大規模な土地区画整理事業，市街地再開発事業等に限る）

⑦　一定の市街地開発事業等予定区域に関する都市計画

● 都道府県の都市計画の案の作成

　市町村は，必要があると認めるときは，都道府県に対し，都道府県が定める都市計画の案の内容となるべき事項を申し出ることができる（15条の2第1項）。

　また，都道府県は，都市計画の案を作成しようとするときは，関係市町村に対し，資料の提出その他必要な協力を求めることができる（同条2項）。

● 都道府県の都市計画の決定

　都道府県が都市計画を決定する場合には，関係市町村の意見を聴き，かつ，都道府県都市計画審議会の議を経なければならない（18条1項）。また，大都市およびその周辺の都市にかかる都市計画区域に関する都市計画および国の利害に重大な関係がある都市計画等を決定しようとするときは，あらかじめ，国土交通大臣に協議し，その同意を得なければならない（同条3項）。

POINT
都道府県は，都道府県都市計画審議会の議を経て，都市計画を決定する

● 市町村が定める都市計画

　市町村では，都道府県が定める都市計画として，法15条1項で限定列挙されているもの以外の都市計画を定める（15条1項）。

POINT
市町村は，都道府県知事に協議して都市計画を決定する

　市町村が定める都市計画は，議会の議決を経て定められた当該市町村の建設に関する基本構想に即し，かつ，都道府県が定めた都市計画に適合したものでなければならない（同条3項）。また，市町村が定めた都市計画が，都道府県が定めた都市計画と抵触するときは，その限りにおいて，都道府県が定めた都市計画が優先する（同条第4項）。

　また，市町村は，市町村都市計画審議会（市町村都市計画審議会が置かれていないときは，都道府県の都道府県都市計画審議会）の議を経て，都市計画を決定する（19条1項）。市町村は，都市計画区域または準都市計画区域について都市計画（都

□Challenge
都市計画は都市の健全な発展と秩序ある整備を図るために必要なものを定め，都市の将来の動向を左右するものであるので，市町村は，都市計画を決定するとき，議会の議決を経なければならない。

（×）

市計画地域について定めるものにあっては区域外都市施設に関するものを含み，地区計画等にあっては当該都市計画に定めようとする事項のうち，政令で定める地区施設の配置および規模その他の事項に限る）を決定しようとするときは，あらかじめ，**都道府県知事に協議しなければならない**（同条3項）。

● **国土交通大臣が定める都市計画**

　二以上の都府県の区域にわたる都市計画区域にかかる都市計画は，**国土交通大臣および市町村が定める**（22条1項）。この場合，国土交通大臣は，都府県が作成する案に基づいて都市計画を定めることとしている（同条2項）。

❷**都市計画の決定手続**

● **都道府県および市町村の決定手続**

　都道府県および市町村は，おおむね次の手続によって都市計画を決定する。

① 都市計画の案を作成しようとする場合には，必要に応じ**公聴会の開催等**を行う。また，都市計画に定める地区計画等の案は，その案にかかる区域内の土地所有者および利害関係を有する者の**意見**を求めて作成する（16条1項，2項）。

② 都市計画を決定しようとする旨を公告し，当該都市計画の案を，当該都市計画を決定しようとする理由を記載した書面を添えて，公告の日から2週間公衆の**縦覧**に供しなければならない（17条1項）。

③ 関係市町村の住民および利害関係人は，都道府県または市町村に**意見書**を提出することができる（同条2項）。

④ 都道府県は，関係市町村の意見を聴き，**都道府県都市計画審議会**の議を経て都市計画を決定する（18条1項）。

⑤ 市町村は，議会の議決を経て定められた当該市町村の建設に関する基本構想ならびに都市計画区域の整備，開発または保全の方針に即して，当該市町村の**都市計画に関する基本方針**を定める（18条の2第1項）。

都市計画の決定手続

都道府県が定める都市計画

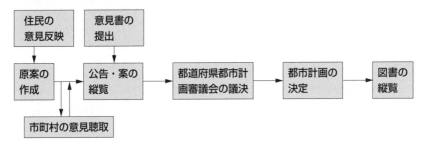

市町村が定める都市計画

⑥　市町村は，当該市町村に置かれる**市町村都市計画審議会**の議を経て都市計画を決定する(19条1項)。この場合，市町村は，あらかじめ，都道府県知事に協議しなければならない（同条3項）。

⑦　都道府県または市町村は，都市計画を決定したときは，その旨を**告示**する。都道府県にあっては関係市町村長に，市町村にあっては都道府県知事に**都市計画の図書（総括図，計画図および計画書）**の写しを送付する（20条1項）。

⑧　都道府県知事および市町村長は，都市計画の図書またはその写しを**公衆の縦覧**に供する（同条2項）。

❸都市計画の変更

　都道府県または市町村は，都市計画区域または準都市計画区域が変更されたとき，都道府県が行う都市計画に関する**基礎調査**等の結果により，都市計画を変更する必要が明らかとなった

□**Challenge**
都市計画は，総括図，計画図及び計画書によって表示され，土地に関し権利を有する者は，当該都市計画が定められている土地の存する都道府県又は市町村の事務所においてこれらの図書又はその写しを縦覧することができる。

（○）

とき，遊休土地転換利用促進地区に関する都市計画についてその目的が達成されたと認めるとき，その他都市計画を変更する必要が生じたときは，遅滞なく，その**都市計画を変更しなければならない**（21条1項）。

POINT
都市計画は，都道府県が行う5年ごとの基礎調査等に基づいて，全面的な再検討が行われる

❹都市計画の決定等の提案

① 都市計画区域または準都市計画区域のうち，一体として整備，開発し，または保全すべき土地の区域としてふさわしい**0.5ヘクタール**（特に必要があると認められるときは，都道府県または市町村の条例で，0.1ヘクタール以上0.5ヘクタール未満の範囲内で別に定める）以上の一団の土地の区域について，当該土地の所有者等（借地権者を含む）またはまちづくりNPO等は，都道府県または市町村に対し，**都市計画の決定または変更をすることを提案**することができる。この場合には，当該提案にかかる都市計画の素案を添えなければならない（21条の2第1項，2項）。

1ヘクタール(ha)⇨
1万平方メートル(㎡)

② 上記①の計画提案は，次に掲げるところに従って行うものとしている（同条3項）。

 (1) 当該計画提案にかかる都市計画の素案の内容が，都市計画に関する基準に適合するものであること。

 (2) 当該計画提案にかかる都市計画の素案の対象となる土地の区域内の土地所有者等の3分の2以上の同意を得ていること。

③ 都道府県または市町村は，計画提案が行われたときは，遅滞なく，当該提案を踏まえた都市計画の決定または変更をする必要があるかどうかを判断し，当該都市計画の決定または変更をする必要があると認めるときは，その案を作成しなければならない（21条の3）。

4 開発行為の許可

R1・R2・R3・R4・R5

❶開発行為の意義

　開発行為とは，主として建築物の建築または特定工作物の建設の用に供する目的で行う土地の区画形質の変更をいう（4条12項）。

　区画の変更とは，建築物の建築または特定工作物の建設のための土地の区画の変更をいい，単なる土地の分筆，合筆は含まれない。

　形質の変更とは，切土，盛土または整地をいう。ただし，既成宅地における建築行為または建設行為と密接不可分と認められる基礎打ち，土地の掘削等の行為はこれに該当しない。

POINT
開発許可制度の中心をなすのは開発行為で，その意義はきわめて重要である

❷特定工作物の意義

　特定工作物とは，周辺地域の環境の悪化をもたらすおそれがある第1種特定工作物と周辺地域の出水，溢水等の災害や樹木の乱伐など環境破壊をもたらすおそれがある第2種特定工作物をいう（4条11項，令1条）。

　① 第1種特定工作物
　　⑴ コンクリートプラント
　　⑵ アスファルトプラント
　　⑶ クラッシャープラント
　　⑷ 危険物の貯蔵または処理に供する工作物

□**Challenge**
開発行為とは，主として建築物の建築の用に供する目的で行う土地の区画形質の変更をいい，建築物以外の工作物の建設の用に供する目的で行う土地の区画形質の変更は開発行為には該当しない。

```
            開発行為
①建築物の建築              を目的に行う ⟹ 土地の区画形質の変更
②特定工作物の建設
```

建築物	建築基準法2条1号に定める建築物	
特定工作物	第1種特定工作物	コンクリートプラント，アスファルトプラント，クラッシャープラント，危険物貯蔵施設等
	第2種特定工作物	ゴルフコース，1ha以上の野球場，庭球場，陸上競技場，遊園地，動物園等

POINT
ゴルフコースは，面積のいかんを問わず第2種特定工作物に該当する

（×）

② 第2種特定工作物

　(1)　ゴルフコース

　(2)　その規模が1ヘクタール以上の野球場，庭球場，陸上
　　　競技場，遊園地，動物園その他の運動・レジャー施設で
　　　ある工作物（学校施設，都市公園に該当するものなど一
　　　定のものを除く）および墓園

❸開発許可の申請

● 都市計画区域または準都市計画区域内の開発行為

　都市計画区域または準都市計画区域内において開発行為をし
ようとする者は，あらかじめ，**都道府県知事または指定都市等**
（指定都市，中核市）の長の許可を受けなければならない。た
だし，次の開発行為については，開発許可制度の趣旨等に照ら
して，**許可は不要**とされている（29条1項）。

　①　**市街化区域内において行う1,000㎡未満の開発行為。**た
　　　だし，市街化の状況により無秩序な市街化を防止するため
　　　特に必要があると認められる場合には，都道府県知事は，
　　　都道府県の規則で，区域を限り300㎡以上1,000㎡未満の範
　　　囲内でその規模を別に定めることができる（令19条1項）。

POINT
首都圏整備法など三
大都市圏に規定する
既成市街地内にある
市街化区域において
は，500㎡未満

　②　**区域区分が定められていない都市計画区域および準都市**
　　　計画区域内において行う3,000㎡未満の開発行為。ただし，
　　　市街化の状況等により特に必要があると認められる場合に
　　　は，都道府県知事は，都道府県の規則で，区域を限り300
　　　㎡以上3,000㎡未満の範囲内でその規模を別に定めること
　　　ができる（同条1項）。

　③　**市街化調整区域内，区域区分が定められていない都市計**
　　　画区域または準都市計画区域において農林漁業用建築物
　　　（畜舎，温室，堆肥舎など）または農林漁業を営む者の居
　　　住用建築物の建築の用に供する目的で行う開発行為

　④　駅舎その他の鉄道施設，図書館，公民館，変電所，都市
　　　公園法に規定する公園施設等の公益上必要な建築物のうち

開発区域およびその周辺の地域における適正かつ合理的な土地利用および環境保全を図るうえで支障がないものとして政令で定める建築物の建築のための開発行為（**学校，社会福祉施設，医療施設は除く**）

⑤　都市計画事業，土地区画整理事業，市街地再開発事業，住宅街区整備事業，防災街区整備事業等の施行として行う開発行為

⑥　非常災害のため必要な応急措置として行う開発行為

⑦　通常の管理行為，軽易な行為その他の行為で，政令で定めるもの（仮設建築物，車庫，物置等の付属建築物等）

● **都市計画区域および準都市計画区域外の開発行為**

都市計画区域および準都市計画区域外の区域内において，それにより一定の市街化を形成すると見込まれる規模として1ヘクタール以上の開発行為をしようとする者は，あらかじめ，**都道府県知事の許可を受けなければならない**。ただし，次に掲げる開発行為は，許可は**不要**である（29条2項，令22条の2）。

①　農業，林業もしくは漁業の用に供する政令で定める建築物またはこれらの業務を営む者の居住の用に供する建築物の建築の用に供する目的で行う開発行為

②　上記④に掲げる公益上必要な建築物の建築のための開発行為，都市計画事業の施行として行う開発行為，公有水面埋立地の開発行為，非常災害のための応急措置として行う開発行為，通常の管理行為，軽易な行為等

□**Challenge**
都市計画区域及び準都市計画区域外の区域内において，8,000㎡の開発行為をしようとする者は，都道府県知事の許可を受けなくてよい。

（○）

開発許可の規制対象規模

都市計画区域	線引都市計画区域	市街化区域	1,000㎡以上（開発許可権者が条例で300㎡まで引き下げ可）	法29条1項適用
		市街化調整区域	原則としてすべての開発行為	
	非線引都市計画区域		3,000㎡以上（開発許可権者が条例で300㎡まで引き下げ可）	
都市計画区域外	準都市計画区域		1ha以上	法29条2項適用
	準都市計画区域外			

❹許可申請の手続

　開発許可を受けようとする者は，開発区域の位置，区域および規模，予定建築物等の用途，設計，工事施行者（開発行為に関する工事の請負人または請負契約によらないで自らその工事を施行する者をいう）などを記載した**開発行為許可申請書**を都道府県知事に提出しなければならない（30条1項）。この申請書には，公共施設の管理者の同意を得たことを証する書面等を添付しなければならない（同条2項）。また，**一定規模（1ヘクタール）以上の開発行為**に関する設計図書は，一定の有資格者の作成したものでなければならない（31条，則18条）。

　また，開発許可を申請しようとする者は，あらかじめ，開発行為に関係がある**公共施設の管理者と協議**し，その同意を得なければならない（32条1項）。さらに開発許可を申請しようとする者は，あらかじめ，開発行為または開発行為に関する工事により**設置される公共施設を管理**することとなる者その他政令で定める者と**協議**しなければならない（同条2項）。

❺許可基準

　都道府県知事が開発行為の許可を行うにあたっては，市街地に良好な水準を維持するための**一般的基準（33条）**と市街化調整区域について市街化を抑制するための**特別基準（34条）**に従わなければならない。なお，主としてゴルフコース等の第2種特定工作物にかかる開発行為については，市街化調整区域内であっても特別基準は適用されない（34条1号かっこ書）。

●一般的基準

　都道府県知事は，申請にかかる開発行為が次の**基準**のすべてに該当し，かつ，申請手続が**適法**であるときは，**許可しなければならない**（33条）。

① 次のイまたはロに掲げる場合には，**予定建築物等の用途**がイまたはロに定める用途の制限に適合していること。ただし，都市再生特別地区の区域内において当該都市再生特

POINT
申請書を都道府県知事に提出しなければならない

□**Challenge**
開発許可の申請書には，開発区域内の土地又は建築物の権利者全員の同意を得たことを証する書面を添付しなければならない。

POINT
一般的基準と特別基準がある

（×）

別地区に定められた誘導すべき用途に適合するものにあってはこの限りでない。

イ　開発区域内の土地について用途地域等が定められている場合……当該用途地域等内における用途の制限

ロ　当該申請にかかる開発区域内の土地（市街化調整区域を除く都市計画区域または準都市計画区域内の土地に限る）について用途地域等が定められていない場合……用途地域の指定のない区域における建築基準法48条13項等の規定による用途の制限

② 主として，自己の居住用の住宅の建築の用に供する目的で行う開発行為以外の開発行為にあっては，道路，公園，広場等の**公共用空地**が，環境の保全上，災害の防止上，通行の安全上または事業活動の効率上からみて，支障がないよう配置され，かつ，開発区域内の主要道路が開発区域外の相当規模の道路に**接続**するように設計されていること。

③ 排水路その他の**排水施設**が，開発区域内の下水を有効に排出するとともに，溢水等の被害が生じないような配置に設計されていること。

④ 主として，自己の居住用の住宅の建築の用に供する目的で行う開発行為以外の開発行為にあっては，水道その他の**給水施設**が，当該開発区域について想定される需要に支障をきたさないような配置に設計されていること。

⑤ 地区計画，防災街区整備地区計画，歴史的風致維持向上地区計画，沿道地区計画，集落地区計画が定められているときは，予定建築物等の用途または開発行為の設計が当該地区計画等に定められた内容に即して定められていること。

⑥ 開発区域の利便の増進および周辺地域における環境の保全とが図られるように，公共施設，公益的施設および予定建築物の用途の配分が定められていること。

⑦ 地盤の沈下，崖崩れ，出水その他による災害を防止する

□**Challenge**
都道府県知事は，市街化区域における開発許可の申請があった場合において，当該開発行為が都市計画法第33条の開発許可の基準に適合し，かつ，その申請手続が法令に違反していなくても，公益上支障があると認めるときは，その開発許可を拒むことができる。

（×）

ため，開発区域内の土地について，地盤の改良，擁壁の設置等安全上必要な措置が講ぜられるように設計されていること。

⑧ 主として，自己の居住用に供する住宅の建築の用に供する目的で行う開発行為以外の開発行為にあっては，原則として**災害危険区域，地すべり防止区域**等の土地を含まないこと。

⑨ 1ヘクタール以上の開発行為にあっては，開発区域および周辺の環境を保全するため，**樹木の保存，表土の保全**等の措置が講ぜられるように設計されていること。

⑩ 1ヘクタール以上の開発行為にあっては，開発区域および周辺の環境を保全するため，騒音，振動等による環境の変化の防止上必要な**緑地帯**その他の**緩衝帯**が配置されるように設計されていること。

⑪ 40ヘクタール以上の開発行為にあっては，その開発行為が道路，鉄道等による**輸送**の便からみて支障がないと認められること。

⑫ 主として，自己の居住用の建築物または自己の業務用の建築物などの建設等の用に供する目的で行う開発行為（当該開発行為の中断によりその周辺の地域に出水などにより被害が生ずるおそれがあることを考慮して政令で定める規模以上のものは除かれる）以外の開発行為にあっては，**申請者**に開発行為を行うために必要な**資力**および**信用**があること。また，**工事施行者**については，工事を完成するため必要な**能力**があること。

⑬ 開発区域内の土地建物等の**関係権利者の相当数の同意**を得ていること。

● **特別基準**

都道府県知事は，**市街化調整区域内**における開発行為（第2種特定工作物の開発行為は除く）は，上記の一般的基準に該当

（×）

し，かつ，次のいずれかに該当する場合でなければ，**許可して
はならない**（34条）。

　なお，**第2種特定工作物**（ゴルフコースなど）は，住宅団地
などと異なり市街化調整区域に立地することを認めても，市街
地が形成される誘因となるものではない。そこで，開発行為の
規制にあたっては，法33条の一般的基準に適合すれば足りるこ
ととし，法34条の特別基準の適用を排除している。

POINT
市街化調整区域では
原則として開発行為
を禁止し，**無秩序な
市街化を防止する**た
め特別基準を設けて
いる

① 　学校，社会福祉施設，病院等の公益上必要な建築物また
　　は日常生活に必要な物品の販売，加工もしくは修理等の業
　　務を営む店舗，事業場その他これらに類する建築物の建築
　　の用に供する目的で行う開発行為

② 　**鉱物資源，観光資源**などの資源の有効な利用上必要な建
　　築物または**第1種特定工作物**の建築または建設の用に供す
　　る目的で行う開発行為

③ 　**温度，湿度，空気等**について特別な条件を必要とする一
　　定の事業の用に供する建築物または**第1種特定工作物**で，
　　市街化区域内において建築または建設することが困難なも
　　のの建築等の用に供する目的で行う開発行為

④ 　**農林漁業用の貯蔵，加工，処理**に必要な建築物または**第
　　1種特定工作物**の建築または建設の用に供する目的で行う
　　開発行為

⑤ 　特定農山村地域活性化基盤整備促進法に基づく**所有権移
　　転等促進計画**に定める土地について，その利用目的に従っ
　　て行う開発行為

⑥ 　都道府県が国または中小企業基盤整備機構と一体となっ
　　て助成する**中小企業の事業の共同化または工場，店舗**等の
　　集団化に寄与する建築物または**第1種特定工作物**の建築ま
　　たは建設の用に供するため行う開発行為

⑦ 　市街化調整区域内に現存する**工場**と密接な関連を有する
　　事業の用に供する建築物または**第1種特定工作物**で，事業

の効率化のため市街化調整区域内で建築等をする目的で行う開発行為

⑧ 一定の危険物の貯蔵・処理に供する建築物または第1種特定工作物で，市街化区域内において建築等をすることが不適当なものの建築等の用に供する目的で行う開発行為

⑧-2 市街化調整区域のうち災害危険区域等の政令で定める開発行為を行うのに適当でない区域内に存する建築物または第1種特定工作物の建築等の用に供する目的で行う開発行為

⑨ 市街化区域内で建築等をすることが困難または不適当な一定の建築物または第1種特定工作物の建築等の用に供する目的で行う開発行為

⑩ 地区計画または集落地区計画の区域内で，当該計画に定められた内容に適合する建築物または第1種特定工作物の建築等の用に供する目的で行う開発行為

⑪ 市街化区域に隣接または近接し，かつ，自然的社会的諸条件から市街化区域と一体的な日常生活圏を構成していると認められる地域で，おおむね50以上の建築物（市街化区域内に存するものを含む）が連たんしている地域のうち，災害の防止その他の事情を考慮して政令で定める基準に従い，都道府県の条例で指定する土地の区域内において行う開発行為で，予定建築物等の用途が，開発区域およびその周辺の地域における環境の保全上支障があると認められる用途として都道府県の条例で定めるものに該当しないもの

⑫ 開発区域の周辺における市街化を促進するおそれがないと認められ，かつ，市街化区域内において行うことが困難または著しく不適当と認められる開発行為として，災害の防止その他の事情を考慮して政令で定める基準に従い，都道府県の条例で区域，目的または予定建築物等の用途を限り定められたもの

⑬　区域区分に関する都市計画が決定または変更された際，**自己の居住**もしくは**業務用**の建築物を建築し，または自己の業務用の**第1種特定工作物**を建設する目的で，土地または借地権等を有していた者で，都市計画の決定または変更の日から**6月以内**に都道府県知事に届け出た者が，**5年以内**にその目的に従って行う開発行為

⑭　前各号に掲げるもののほか，都道府県知事が開発審査会の議を経て，開発区域の周辺における市街化を促進するおそれがなく，かつ，市街化区域内において行うことが困難または著しく不適当と認める開発行為

❻開発許可の特例

国または都道府県，指定都市等が行う都市計画区域もしくは準都市計画区域内における開発行為（29条1項各号に掲げる開発行為を除く）または都市計画区域および準都市計画区域外の区域内における開発行為（1ヘクタール未満の開発行為および29条2項各号に掲げる開発行為を除く）については，当該国の機関または都道府県等と都道府県知事との協議が成立することをもって，開発許可があったものとみなす（34条の2）。

❼許可または不許可の通知，変更の許可等

都道府県知事は，開発許可の申請があったときは，遅滞なく，許可または不許可の処分をしなければならない。この処分をするには，許可または不許可を問わず，文書をもって当該申請者に通知しなければならない（35条）。

また，当該開発行為に関する工事完了の公告前に開発許可の内容の変更をしようとする場合には，都道府県知事の許可を受けなければならない。ただし，変更しようとする開発行為が許可不要のものである場合，または国土交通省令で定める軽微な変更をしようとするときは，この限りでない（35条の2）。

❽工事完了の検査

開発許可を受けた者は，開発区域（開発区域を工区に分けた

POINT
開発許可を受けた者は，国土交通省令で定める軽微な変更をしたときは，遅滞なく，その旨を都道府県知事に届け出なければならない

ときは，工区）の全部について開発行為に関する工事（そのう
ち公共施設に関する部分については，その公共施設に関する工
事）を完了したときは，都道府県知事に届け出なければならな
い（36条1項）。

都道府県知事は，届出のあった工事が，開発許可の内容に適
合しているかどうかを検査し，適合していると認めるときは，
検査済証を交付するとともに，**工事完了の公告をしなければな**
らない（同条2項，3項）。

POINT

都道府県知事は，検査済証を交付したときは，工事完了の公告を行う

なお，開発許可を受けた者が，やむを得ず開発行為に関する
工事を中途で**廃止**したときは，遅滞なく，その旨を**都道府県知**
事に届け出なければならない（38条）。

❾公共施設の管理および土地の帰属

開発許可を受けた開発行為または開発行為に関する工事によ
り公共施設が設置されたときは，その公共施設は，**工事完了公**
告の日の翌日において，その公共施設の存する市町村の管理に
属する。ただし，他の法律に基づく管理者が別にあるとき（た
とえば，道路法の規定により管理者が定められている場合），
または公共施設の管理をすることとなる者との協議により管理
者について別段の定めをしたときは，**それらの者の管理**に属す
る（39条）。

また，開発許可を受けた開発行為または開発行為に関する工
事によって，従前の公共施設に代えて新たな公共施設が設置さ
れた場合には，従前の公共施設の用に供していた土地で国また
は地方公共団体が所有するものは，**工事完了公告の日の翌日**に
おいて，**許可を受けた者に帰属**し，新たな代替施設の土地は，
国または地方公共団体に帰属する（40条1項）。

POINT

従前の土地は，許可を受けた者に帰属し，新たな公共施設の土地は，国または地方公共団体に帰属する

5 建築物の建築等の規制

⟜R2・R3・R5

開発許可は開発行為を対象とするものであって，建築物の建

築等を直接の対象とするものではない。しかし，開発行為と建築行為とは密接に関連するから，都市計画法上，次のような建築行為の規制が行われている。

❶工事完了公告前の建築制限

開発許可を受けた開発区域内の土地においては，都道府県知事が行う開発行為に関する工事完了の公告があるまでの間は，建築物の建築または特定工作物の建設を行うことができない。ただし，次のいずれかに該当するときは，この制限は適用されない（37条）。

① 当該開発行為に関する工事用の仮設建築物または特定工作物を建築し，または建設するとき，その他都道府県知事が支障ないと認めたとき。

② 当該開発区域内の土地または工作物につき工事の施行等の妨げとなる権利を有する者で，当該工事の施行等につき同意をしていない者が，その権利の行使として建築物を建築しまたは特定工作物を建設するとき。

POINT
工事完了の公告があるまでの間は，建築物，特定工作物の建築等が制限される

❷工事完了公告後の建築制限

開発許可を受けた開発区域内においては，何人も，都道府県知事が行う開発行為に関する工事完了の公告があった後は，当該開発許可にかかる予定建築物等以外の建築物または特定工作物を新築し，または新設することができない。また，建築物を改築し，またはその用途を変更して当該開発許可にかかる予定建築物以外の建築物とすることもできない。

ただし，都道府県知事が当該開発区域における利便の増進上もしくは開発区域およびその周辺の地域における環境の保全上支障がないと認めて許可したとき，または当該開発区域内の土地について用途地域が定められているとき等には，この制限は適用されない（42条1項）。

国または都道府県等が行う建築等の行為については，当該国の機関等と都道府県知事との協議が成立することをもって，前

POINT
工事完了の公告があった後は，原則として予定建築物以外の建築物等は建築することができない。ただし，知事が特別に許可したとき等にはこの制限を適用しない

記の知事の許可があったものとみなされる（同条2項）。

❸建蔽率等の制限

　都道府県知事は，用途地域の定められていない土地の区域内の開発許可にあたって，必要があると認めるときは，当該開発区域内の土地について，**建蔽率，建築物の高さ，壁面の位置その他建築物の敷地，構造および設備に関して必要な制限を定める**ことができる。このような制限が定められた土地の区域内においては，建築物は，これらの制限に違反して建築することができない。ただし，都道府県知事が当該区域およびその周辺の地域における環境の保全上支障がないと認め，または公益上やむを得ないと認めて許可したときは，この制限は適用されない（41条）。

　なお，市街化調整区域等では，原則として用途地域や都市計画は定められないことになっているので，開発許可の際に，予定建築物を確定させ，建蔽率，建築物の高さ，壁面の位置などを個別にきめる必要があるからである。

❹市街化調整区域内の建築制限

　市街化調整区域のうち開発許可を受けた開発区域以外の区域内においては，都道府県知事の許可を受けなければ，次に掲げる建築行為等をすることができない。

① 　建築物の新築または改築

② 　既存建築物の用途変更，または用途変更を伴う増改築

③ 　第1種特定工作物の新設

　ただし，上記にかかわらず，次表に掲げる建築行為等については許可を受けることを要しない（43条1項）。

　国または都道府県等が行う法43条1項本文の建築物の新築等については，当該国の機関または都道府県等と都道府県知事との協議が成立することをもって，同項の許可があったものとみなす（同条3項）。

（○）

	許可不要の建築行為
1項本文	(1) 農林漁業の用に供する建築物または農林漁業従事者の住宅の建築（法29条1項2号該当） (2) 駅舎その他の鉄道の施設，図書館，公民館，変電所その他公益上必要な建築物（学校，社会福祉施設および医療施設は除く。法29条1項3号該当）
1号	都市計画事業の施行として行う建築物の新築・改築・用途変更または第1種特定工作物の新設
2号	非常災害のため必要な応急措置として行う建築物の新築・改築・用途変更または第1種特定工作物の新設
3号	仮設建築物の新築
4号	次の開発行為にかかる土地の区域内における建築物の新築・改築・用途変更または第1種特定工作物の新設 (1) 法29条により開発許可を受けた開発行為 (2) 旧住宅地造成事業に関する認可を受けた開発行為 (3) 都市計画事業，土地区画整理事業，市街地化再開発事業，住宅街区整備事業，防災街区整備事業，公有水面埋立法による開発行為（法29条1項4号〜9号該当）
5号	通常の管理行為，軽易な行為その他の行為（既存建築物の敷地内で行う車庫，物置その他これらに類する付属建築物の建築等）

❺田園住居地域内の建築制限

　田園住居地域内の農地の区域内において，土地の形質の変更，建築物の建築その他工作物の建設または土石等の堆積等を行おうとする者は，市町村長の許可を受けなければならない。ただし，次に掲げる行為については，この許可を受ける必要はない（52条1項）。

① 通常の管理行為，軽易な行為その他建築物以外の工作物で仮設のものの建設等

② 非常災害のため必要な応急措置として行う行為

③ 都市計画事業の施行として行う行為，または国，都道府県等が都市施設に関する都市計画に適合して行う行為

　なお，市町村長は，その規模が300㎡未満の行為については許可しなければならない。

❻事業計画地内の建築制限

　都市計画で定められた，**都市計画施設の区域または市街地開**

□**Challenge**
田園住居地域内の農地の区域内において，土地の形質の変更を行おうとする者は，一定の場合を除き，市町村長の許可を受けなければならない。

（○）

発事業の施行区域内において建築物の建築をしようとする者は，都道府県知事等の許可を受けなければならない。ただし，都市計画事業の施行として行う行為（これに準ずる行為を含む），非常災害のため必要な応急措置として行う行為または一定の軽易な行為は，この許可を受ける必要はない(53条1項)。

❼許可の基準

都道府県知事等は，前記❻の建築許可の申請があった場合には，当該申請が次に掲げる事項のいずれかに該当するときは，その許可をしなければならない（54条）。

POINT
都市計画施設の区域，市街地開発事業の施行区域内は，建築物の建築のみ知事等の許可制である

① 当該建築が，都市計画施設または市街地開発事業に関する都市計画のうち建築物について定めるものに適合するものであること。

② 当該建築が，都市計画施設の区域について都市施設を整備する立体的な範囲が定められている場合において，その範囲外において行われ，かつ，都市計画施設を整備する上で著しい支障を及ぼすおそれがないと認められること。

③ 当該建築物が次に掲げる要件に該当し，かつ，容易に移転・除却することができるものであると認められること。
  a 階数が二以下で，かつ，地階を有しないこと。
  b 主要構造部が木造，鉄骨造，コンクリートブロック造その他これらに類する構造であること。

❽風致地区内の規制

風致地区内における建築物の建築，宅地の造成，木竹の伐採その他の行為については，地方公共団体の条例で，都市の風致を維持するため必要な規制をすることができる（58条）。

❾地区計画の区域内における行為制限

地区計画の区域のうち，道路，公園等の施設の配置および規模が定められている再開発等促進区もしくは開発整備促進区または地区整備計画が定められている区域内において，土地の区画形質の変更，建築物の建築その他政令で定める行為を行おう

とする者は，当該行為に着手する日の30日前までに，行為の種類，場所，設計または施行方法，着手予定日等を市町村長に届け出なければならない。ただし，次に掲げる行為については，この届出は必要としない（58条の2第1項）。

① 通常の管理行為，軽易な行為等で政令で定めるもの

② 非常災害のため必要な応急措置として行う行為

③ 国または地方公共団体が行う行為

④ 都市計画事業の施行として行う行為またはこれに準ずる行為として政令で定める行為

⑤ 法29条1項の許可を要する行為その他政令で定める行為

また，届出をした事項のうち，一定の事項を変更しようとするときは，変更にかかる行為に着手する日の30日前までに，その旨を市町村長に届け出なければならない（同条2項）。

市町村は，地区計画農地保全条例で，地区計画の区域内の農地の区域内における土地の形質の変更，建築物の建築等の行為について，市町村長の許可を受けなければならないこととすることができる（58条の3）。

POINT
道路，公園等の配置および規模が定められている再開発等促進区または地区整備計画が定められている区域内で，土地の区画形質の変更等を行おうとする者は，市町村長に届け出なければならない

6 都市計画事業・都市施設等整備協定

❶都市計画事業施行地区内の行為制限

都市計画事業は，原則として，市町村が，都道府県知事の認可を受けて施行する。都道府県は，市町村が施行することが困難または不適当な場合等には，国土交通大臣の認可を受けて，都市計画事業を施行することができる。また，国の機関は，国土交通大臣の承認を受けて，国の利害に重大な関係を有する都市計画事業を施行することができる（59条）。

国土交通大臣または都道府県知事は，都市計画事業（事業計画の変更に伴い新たな事業地の編入があった場合を含む）の認可または承認をしたときは，遅滞なく，施行者の名称，都市計

POINT
建築物の建築に限らず，その他の工作物の建設，土地の形質の変更なども制限を受ける

画事業の種類，事業施行期間および事業地を**告示**しなければならない（62条）。

この**告示**があった後においては，**当該事業地内**における都市計画事業の障害となるおそれがある次の行為については，都道府県知事等の許可を受けなければならない。また，その建築等の申請があった場合において，その建築等の許可を与えようとするときは，都道府県知事等は，あらかじめ，施行者の意見を聴かなければならない（65条）。

① 土地の形質の変更
② 建築物の建築その他の工作物の建設
③ 重量が5トンを超える物件の設置または堆積

❷都市施設等整備協定

都道府県または市町村は，都市施設，地区施設等の整備にかかる都市計画の案を作成しようとする場合において，当該都市計画にかかる都市施設等の円滑かつ確実な整備を図るため特に必要があるときは，当該都市施設等の整備を行うと見込まれる者（施設整備予定者）との間において，**都市施設等整備協定**を締結することができる。都道府県または市町村は，都市施設等整備協定を締結したときは，その旨を**公告**し，かつ，当該都市施設等整備協定の写しを当該都道府県または市町村の事務所に備えて**公衆の縦覧**に供しなければならない（75条の2）。

都道府県または市町村は，都市施設等整備協定に施設整備予定者が行う開発行為に関する事項を定めようとするときは，あらかじめ，開発行為の許可の権限を有する者に協議し，その同意を得ることができ，当該同意を得た事項が定められた都市施設等整備協定が公告されたときは，当該公告の日に開発行為の許可があったものとみなす（75条の4）。

□Challenge
都市計画事業の認可等の告示があった後に，当該事業地内において都市計画事業の施行の障害となるおそれがある建築物の建築を行おうとする者は，一定の場合を除き，都道府県知事等の許可を受けなければならない。

（○）

7 許可に基づく地位の承継

⊕R2

POINT
一般承継人は，開発許可と建築等の許可の2つの地位を承継する

　開発許可または市街化調整区域のうち開発許可を受けた開発区域以外の区域における建築等の許可を受けた者の相続人その他の一般承継人は，被承継人が有していた当該許可に基づく**地位を承継**する（44条）。また，開発許可を受けた者から，当該開発区域内の土地の所有権その他当該開発行為に関する工事を施行する**権原を取得した者**は，都道府県知事の承認を受けて，当該開発行為を受けた者が有していた当該開発許可に基づく地位を承継することができる（45条）。

8 土地所有者の救済

⊕R2

❶土地・建物等の先買い

POINT
土地または土地およびこれに定着する建築物その他の工作物（土地建物等）が対象となる

●法52条の3の先買い

　市街地開発事業等予定区域に関する都市計画についての告示があったときは，施行予定者は，すみやかに一定の事項を公告するとともに，当該市街地開発事業等予定区域の区域内の土地または土地およびこれに定着する建築物その他の工作物（土地建物等）の有償譲渡について，一定の制限があることを関係権利者に周知させなければならない（52条の3第1項）。

POINT
有償譲渡とは，契約に基づく有償譲渡で，売買のほか代物弁済，交換等も含まれる

　上記の公告の日の翌日から起算して**10日**を経過した後に，市街地開発事業等予定区域内の土地建物等を有償で譲渡しようとする者は，当該土地建物等の予定対価の額等を書面で施行予定者に届け出なければならない（同条2項）。

　この届出があった後**30日以内**に，施行予定者が届出者に対して届出にかかる土地建物等を**買い取るべき旨の通知**をしたときは，当該土地建物等について，施行予定者と届出者との間に届出書に記載された予定対価の額に相当する代金で，**売買が成立**したものとみなされる（同条3項）。

なお，施行予定者が定められている都市計画にかかる都市計画施設の区域および市街地開発事業の施行区域の土地建物の有償譲渡についても，上記の規定が準用される（57条の4）。

● 法67条の先買い

　国土交通大臣または都道府県知事の**都市計画事業の認可等の告示**があったときは，事業の施行者はすみやかに一定の事項を公告するとともに，**事業地内の土地建物等の有償譲渡**について，一定の制限があることを関係権利者に周知させなければならない（66条）。

　上記の公告の日の翌日から起算して**10日を経過した後**に，事業地内の土地建物等を**有償**で他に譲渡しようとする者は，当該土地建物等の予定対価の額等を書面で施行者に届け出なければならない。届出を受けた施行者が，**30日以内**に届出をした者に買い取るべき旨の通知をしたときは，届出書に記載された予定対価の額に相当する代金で，**売買が成立**したものとみなされる（67条）。

　この先買い制度は，事業決定後，すでに施行者が用地買取りに着手している段階で，土地建物等を対象として行われるものである。

❷土地の買取請求

● 法52条の4の買取請求

　市街地開発事業等予定区域に関する都市計画において定められた区域内の**土地の所有者**は，**施行予定者**に対して当該土地を時価で**買い取るべきことを請求**することができる。ただし，当該土地が他人の権利の目的となっているとき，当該土地に建築物その他の工作物または一定の立木があるときは，買取りを請求することができない（52条の4第1項）。

　買い取るべき土地の価格は，施行予定者と土地の所有者とが協議して定める。もし協議が成立しないときは，当事者は**収用委員会**に裁決を申請することができる（52条2項）。

□**Challenge**
事業地内の土地建物等を無償で譲り渡そうとする者は，譲り渡そうとする相手方等の事項を書面で事業施行者に届け出なければならない。

POINT
土地のみが対象となるので，建築物等がある場合の土地は除外される

（×）

なお，施行予定者が定められている都市計画施設の区域等内の土地の買取請求についても，上記の規定が準用される（57条の5）。

● 法56条の買取り

都市計画施設の区域内の土地で，都道府県知事等が指定したものの区域または市街地開発事業（土地区画整理事業および新都市基盤整備事業は除く）の**施行区域（事業予定地）内の土地の所有者**は，**都道府県知事等**に対し，建築物の建築が許可されないときは，その土地の利用に著しい支障をきたすことを理由として，当該土地を**買い取るべきことを申し出る**ことができる。

この場合には，都道府県知事等は，特別の事情がない限り，当該土地を時価で買い取らなければならない（56条1項）。仮に，都道府県知事等が，資金がない等の事情から，当該土地を買い取らない旨を土地所有者に通知したときは，建築制限はできないことになり，したがって，建築申請がでたらこれを許可しなければならない（55条1項ただし書）。

● 法68条の買取請求

都市計画事業については，土地収用の事業の認定があったものとして，所要の**土地収用法の規定**が準用されることになっている。このため，都市計画事業地内の土地で，その全部または一部について，土地収用法31条の規定により収用の手続が保留されている場合があるが，この場合には，**その保留されているものの土地の所有者**は，施行者に対して，当該土地を時価で**買い取るべきことを請求**することができる。ただし，当該土地が他人の権利の目的となっているとき，当該土地に建築物その他の工作物または一定の立木があるときは，この買取請求権は行使することができない（68条1項）。

❸ **土地の先買い**

市街化区域もしくは区域区分が定められていない都市計画区域内の都市計画施設および市街地開発事業（土地区画整理事業

POINT
この買取りに応ずる義務があるのは，法54条の許可基準に適合しているにもかかわらず，建築物の建築を不許可とした場合である

POINT
買取請求をなしうる土地は，収用の手続が保留されている土地に限られる

49

および新都市基盤整備事業を除く）の区域内の土地については，都道府県知事等に**先買い権**が認められている。すなわち，これらの土地について，都道府県知事等は一定の事項を公告するとともに，**事業予定地内の土地の有償譲渡**について，制限があることを関係権利者に周知させなければならない（57条1項）。

上記の公告の日の翌日から起算して**10日を経過した後**に事業予定地内の土地を有償で譲渡しようとする者は，当該土地，その予定対価の額および譲渡の相手方等を記載した**書面で都道府県知事等に届け出なければならない**（同条2項）。

届出を受けた都道府県知事等が，届出があった後**30日以内**に当該土地を買い取るべきことを**届出者に通知**したときは，届出書に記載された予定対価の額に相当する代金で，売買が成立したものとみなされる（同条3項）。

□**Challenge**
都市計画事業の認可の告示があった後に当該認可に係る事業地内の土地建物等を有償で譲り渡そうとする者は，施行者の許可を受けなければならない。

（×）

2 建築基準法

建築基準法の概要

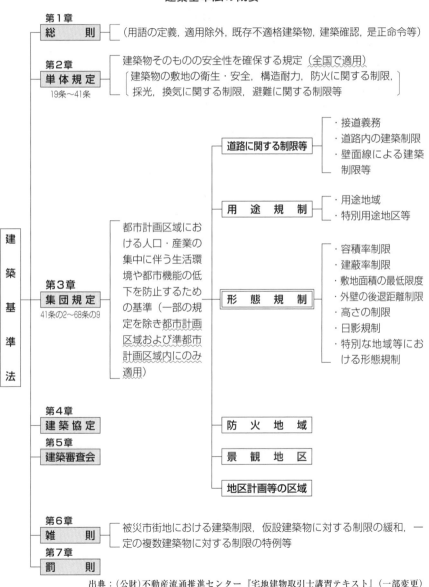

建築基準法

- **第1章 総 則**（用語の定義，適用除外，既存不適格建築物，建築確認，是正命令等）
- **第2章 単体規定** 19条〜41条
  - 建築物そのものの安全性を確保する規定（全国で適用）［建築物の敷地の衛生・安全，構造耐力，防火に関する制限，採光，換気に関する制限，避難に関する制限等］
- **第3章 集団規定** 41条の2〜68条の9
  - 都市計画区域における人口・産業の集中に伴う生活環境や都市機能の低下を防止するための基準（一部の規定を除き都市計画区域および準都市計画区域内にのみ適用）
    - **道路に関する制限等**
      - ・接道義務
      - ・道路内の建築制限
      - ・壁面線による建築制限等
    - **用 途 規 制**
      - ・用途地域
      - ・特別用途地区等
    - **形 態 規 制**
      - ・容積率制限
      - ・建蔽率制限
      - ・敷地面積の最低限度
      - ・外壁の後退距離制限
      - ・高さの制限
      - ・日影規制
      - ・特別な地域等における形態規制
    - **防 火 地 域**
    - **景 観 地 区**
    - **地区計画等の区域**
- **第4章 建築協定**
- **第5章 建築審査会**
- **第6章 雑 則**
  - 被災市街地における建築制限，仮設建築物に対する制限の緩和，一定の複数建築物に対する制限の特例等
- **第7章 罰 則**

出典：（公財）不動産流通推進センター『宅地建物取引士講習テキスト』（一部変更）

建築基準法は，建築物の敷地，構造，設備および用途に関する最低の基準を定めて，国民の生命，健康および財産の保護を図り，公共の福祉の増進に資することを目的とする。

❶用語の定義

●建築物

建築基準法は，建築物の敷地，構造，設備および用途を規制の対象とした法律である。そこで，建築物とはどのようなものをいうのかが重要な問題となるが，建築基準法では，土地に定着する工作物のうち，次に掲げるものを**建築物**と定めている（2条1号）。

① **屋根**があって，かつ，**柱**もしくは**壁**があるもの（これに類する構造のものを含む）

② ①に附属する**門**もしくは**塀**

③ **観覧**のための工作物（たとえば，野球場，競馬場等のスタンド）

④ **地下**または**高架**の工作物内に設ける**事務所，店舗，興行場，倉庫**その他これらに類する施設

以上のほか，建築設備（建築物に設ける電気，ガス，給排水，冷暖房等の設備，エレベーター，エスカレーター等）も建築物の一部として規制の対象となっている。また，建築物ではないが，煙突，広告塔，高架水槽，擁壁，観光用のエレベーター，ウォーターシュート，飛行塔などで一定の大きさのものは工作物として，**建築確認申請**その他の建築基準法の一定の規定が準用され，建築物に準じた取り扱いを受けている（88条）。

●特殊建築物

建築物のうち，学校，体育館，病院，劇場，観覧場，集会場，展示場，百貨店，市場，ダンスホール，遊技場，公衆浴場，旅館，共同住宅，寄宿舎，下宿，工場，倉庫，自動車車庫，危険

建築基準法の用語の定義（法2条）

用　語	内　　容
主要構造部	壁，柱，床，はり，屋根または階段をいい，建築物の構造上重要でない間仕切壁等は除かれる（5号）。
延焼のおそれのある部分	隣地境界線，道路中心線または同一敷地内の二以上の建築物相互の外壁間の中心線（隣地境界線等）から，1階にあっては3メートル以下，2階以上にあっては5メートル以下の距離にある建築物の部分をいう。ただし，防火上有効な公園，広場，川その他の空地または水面，耐火構造の壁その他これらに類するものに面する部分等は除かれる（6号）。
耐火構造	壁，柱，床その他の建築物の部分の構造のうち，耐火性能（火災による建築物の倒壊および延焼を防止するために必要とされる性能）に関して一定の技術的基準に適合する鉄筋コンクリート造，れんが造その他の構造のうち，国土交通大臣が定めた構造方法を用いるもの等をいう（7号）。
準耐火構造	壁，柱，床その他の建築物の部分の構造のうち，準耐火性能（通常の火災による延焼を抑制するために必要とされる性能）に関して一定の技術的基準に適合するもので，国土交通大臣が定めた構造方法を用いるもの等をいう（7号の2）。
防火構造	外壁または軒裏の構造のうち，防火性能（建築物の周囲において発生する通常の火災による延焼を抑制するために外壁または軒裏に必要とされる性能）に関して一定の技術的基準に適合する鉄網モルタル塗，しっくい塗その他の構造で，国土交通大臣が定めた構造方法を用いるもの等をいう（8号）。
耐火建築物	主要構造部のうち，建築物全体への倒壊・延焼に影響がない部分以外の部分（**特定主要構造部**）が耐火構造であること。火災による火熱に耐えることまたは外壁の開口部で延焼のおそれのある部分に防火戸その他の防火設備について一定の技術的基準に適合するもので，国土交通大臣が定めた構造方法を用いるもの等を有するものをいう（9号の2）。
準耐火建築物	耐火建築物以外の建築物で，主要構造部を準耐火構造としたものまたはこれと同等の準耐火性能を有するものとして主要構造部の防火の措置その他の事項について一定の技術的基準に適合するものをいう（9号の3）。

物の貯蔵場，と畜場，火葬場，汚物処理場その他これらに類する用途に供するものを特殊建築物という（2条2号）。

❷法の適用除外

　建築基準法の適用対象は，いうまでもなく建築物（一定規模の工作物を含む）であるが，次のような特定の建築物については，規制が及ばないことになっている（3条）。

● 文化財等

① 　文化財保護法の規定によって国宝，重要文化財，重要有形民俗文化財，特別史跡名勝天然記念物または史跡名勝天

POINT

国宝，重要文化財などに指定された建築物は，法の適用除外となっている

然記念物として指定され，または仮指定された建築物

② 旧重要美術品等の保存に関する法律によって**重要美術品
等として認定**された建築物

③ 文化財保護法182条2項の条例（国指定の文化財以外の
重要な文化財の指定等の条例），その他の条例（市町村独
自の条例）の定めるところにより，**現状変更の規制および
保存のための措置**が講じられている建築物（保存建築物）
で，特定行政庁が建築審査会の同意を得て指定したもの

④ 上記①もしくは②に掲げる建築物または保存建築物で
あったものの**原形を再現**する建築物で，特定行政庁が建築
審査会の同意を得て認めたもの

● **既存不適格建築物**

建築基準法（政令，条例を含む）の施行または適用の際に，
現に存在している建築物または**工事中の建築物**については，新
規定に適合しない場合であっても，その建築物に対しては新規
定を適用しない。通常，このような建築物を「**既存不適格建築
物**」と呼んでいる。

❸**建築主事または建築副主事** ─────

都道府県と政令で指定する**人口25万以上の市**には，建築確認
等の事務をつかさどらせるため，建築主事を置かなければなら
ない（4条1項および5項）。

その他の**市町村**は，建築確認等の事務をつかさどらせるため，
建築主事を置くことができる（同条2項）。

また，建築主事を置いた市町村または都道府県は，確認等事
務の実施体制の確保・充実等を図るため，必要に応じて**建築副
主事**を置くことができる（同条7項）。

建築主事または建築副主事（建築主事等）を置く市町村の長
およびその他の市町村については都道府県知事を**特定行政庁**と
いう（2条35号）。

□**Challenge**
文化財保護法の規定
によって，国宝，重
要文化財等に指定さ
れ，または仮指定さ
れた建築物は，建築
基準法の各規定の適
用を受けない。

POINT
特定行政庁が指定し
た保存建築物は，建
築基準法にかかわり
なく，木造建築，か
やぶき屋根などを再
現することができる

POINT
建築主事等は，建築
確認等の事務をつか
さどらせるため，都
道府県と特定の市町
村に置かれる

POINT
建築確認等は，申請
者が建築主事等と指
定確認検査機関のい
ずれかを選択して申
請することができる

（○）

2 建築に関する手続

❶建築確認

　建築主は，下表に掲げる建築物を建築しようとする場合（増築の場合には，建築物が増築後において下表の1号〜3号の規模となる場合を含む）およびこれらの建築物の大規模の修繕もしくは大規模の模様替えをしようとする場合には，当該工事に着手する前に，その計画が消防法，宅地造成及び特定盛土等規制法，都市計画法等の**建築基準関係規定**に適合するものであることについて建築主事等の確認を受け，**確認済証の交付**を受けなければならない（6条1項）。ただし，防火地域・準防火地域外で建築物を増築し，改築し，または移転しようとする場合で，その部分の床面積の合計が10㎡以内のものは，確認の必要はない（同条2項）。

□**Challenge**
防火地域又は準防火地域内では，10㎡以内の増築であっても確認が必要である。

POINT
建築副主事の確認は建築士法3条1項各号に掲げる大規模建築物以外の建築物にかかるものに限る

（○）

確認申請が必要な建築物（法6条1項）

適用区域	用途・構造		規　模	新築	増築・改築・移転（防火・準防火地域外で，床面積が10㎡以内のものを除く）	大規模修繕・大規模模様替え	用途変更
全　国	1号	特殊建築物（学校等）	別表第1（い）欄の用途に供する部分の床面積の合計が200㎡超	○	○	○	○
	2号	大規模建築物（木造）	3階以上または延べ面積500㎡超，高さ13m超，軒高9m超	○	○	○	—
	3号	大規模建築物（木造以外）	2階以上または延べ面積200㎡超	○	○	○	—
都市計画区域，準都市計画区域，準景観地区または知事の指定区域	4号	上記以外の建築物		○	○	—	—

（注）　1　防火地域・準防火地域以外の地域において増築・改築・移転する場合で（新築は含まれない），その部分の**床面積**が**10㎡以内**であるときは，確認申請の必要はない（同条2項）。
　　　2　建築物の用途を変更して法6条1項1号の特殊建築物にする場合は，確認申請が必要となるが，政令で定める**類似の用途相互間の変更**であれば，確認申請は不要（令137条の18）。

つまり，前表の特殊建築物および大規模建築物は，全国のどの地域で建築する場合でも建築確認が必要である。上記以外の一般建築物は，都市計画区域もしくは準都市計画区域または都道府県知事が関係市町村の意見を聴いて指定する区域内で建築する場合にのみ建築確認を受ければよい。

また，建築主は，上記の確認済証の交付を受けた後でなければ，建築物の建築，大規模の修繕または大規模の模様替えの工事は，することができない（同条8項）。

なお，既存建築物の用途にかかわらず，**用途変更を行う建築物**の部分を当該用途変更により法6条1項1号の特殊建築物（その用途に供する部分の床面積の合計が200㎡を超えるもの）とする（当該用途変更が政令で指定する類似の用途変更相互間である建築物の部分を除く）場合は，建築確認を受けなければならない（87条1項）。

□**Challenge**
木造3階建て，延べ面積500㎡，高さ15mの一戸建て住宅について大規模の修繕をする場合は，建築確認を受ける必要はない。

❷指定確認検査機関による確認 ─────────────

建築物の計画が，建築基準関係規定に適合するものであることについて，**指定確認検査機関**の建築確認を受け，確認済証の交付を受けたときは，その確認済証は，建築主事等により交付された確認済証とみなされる。指定確認検査機関の指定は，二以上の都道府県で確認業務を行おうとする場合は国土交通大臣が，一の都道府県で行おうとする場合は都道府県知事が行う（6条の2）。

POINT
指定確認検査機関は，確認済証の交付をしたときは，一定の期間内に確認審査報告書を作成し，これを特定行政庁に提出しなければならない

❸構造計算適合性判定 ───────────────

高度な構造計算を要する高さ20mを超える鉄筋コンクリート造の建築物など一定規模以上の建築物については，建築主は都道府県知事または指定構造計算適合性判定機関による**構造計算適合性判定**を受けなければならない（6条の3）。判定の対象となる建築物は，次のとおりである（20条1項2号）。

・高さ13mまたは軒の高さが9mを超える木造の建築物
・地階を除く階数が4以上である鉄骨造の建築物

（×）

・高さが20mを超える鉄筋コンクリート造または鉄骨鉄筋コンクリート造の建築物

　建築主事等または指定確認検査機関は，確認申請のあった建築物の計画が構造計算適合性判定を要するものであるときは，建築主から適合判定通知書またはその写しの提出を受けた場合に限り，建築確認をすることができる（6条5項，6条の2第3項）。

❹完了検査および使用制限

● 完了検査

① 建築確認を受けた建築物に対する工事完了検査は，次により行われる（7条）。

　⑴ 法6条1項によって確認を受けた建築主は，建築工事が完了したときは，その旨を工事完了の日から4日以内に到達するように，建築主事等に文書で届け出なければならない。

　⑵ 届出を受けた建築主事等は，届出を受けた日から7日以内に，その建築物および敷地が建築基準関係規定に適合しているかどうかを検査しなければならない。

　⑶ 検査の結果，建築基準関係規定に適合していると認めたときは，建築主に対して検査済証を交付しなければならない。

② 指定確認検査機関が工事完了の日から**4日を経過する日**までに，完了検査を引き受けた場合には，建築主事等に対する完了検査の申請は不要である（7条の2第1項）。

　指定確認検査機関が，完了検査をした建築物およびその敷地が建築基準関係規定に適合していると認めて，建築主に対して検査済証を交付した場合には，当該検査済証は，**建築主事等により交付された検査済証**とみなされる（同条5項）。

なお，指定確認検査機関の指定は，建築の確認業務と同様に，

二以上の都道府県にわたって検査業務を行おうとする場合は国土交通大臣が，一の都道府県で行おうとする場合は都道府県知事が行う（同条2項）。

● **中間検査**

建築主は，建築確認を受けた工事が次の特定工程を含む場合において，当該特定工程にかかる工事を終えたときは，その都度，建築主事等または指定確認検査機関の**検査**を申請しなければならない（7条の3，7条の4）。

① 階数が三以上である共同住宅の床およびはりに鉄筋を配置する工事の工程のうち政令で定める工程

② ①のほか，特定行政庁が，その地方の建築物の建築の動向または工事に関する状況その他の事情を勘案して，区域，期間または建築物の構造，用途もしくは規模を限って指定する工程

特定工程に指定された建築物は，おおむね次により建築主事等または指定確認検査機関の中間検査を受けなければならない。

① 建築主は，特定工程の工事を終えたときは，その日から4日以内に建築主事等に中間検査の申請をしなければならない。また，指定確認検査機関が検査を引き受けたときは，この検査の申請は不要である。

② 建築主事等は，申請を受理した日から**4日以内**に，工事中の建築物の部分とその敷地が建築基準関係規定に適合するかどうかを検査しなければならない。

③ 建築物とその敷地が建築基準関係規定に適合すると認めた場合には，建築主事等は当該建築主に対して当該特定工程にかかる**中間検査合格証**を交付しなければならない。

④ 特定工程にかかる工事は，中間検査合格証の交付を受けた後でなければ，これを施工してはならない。

⑤ 中間検査において建築基準関係規定に適合すると認められた建築物の部分およびその敷地については，完了検査を

する必要はない。

● **使用制限**

前記の表（55頁）の１号と２号に該当する建築物（**特殊建築物または大規模建築物**）を新築する場合またはこれらの建築物の増改築，大規模の修繕・模様替，避難施設等の工事をする場合には，建築主は，検査済証の交付を受けた後でなければ，当該建築物を使用してはならない。ただし，次の場合のいずれかに該当するときは，検査済証の交付を受ける前においても，仮に使用することができる（７条の６）。

① **特定行政庁**が，安全上，防火上または避難上支障がないと認めたとき。

POINT

小規模な建築物は，工事完了の届出をすれば使用を開始してもよい

□**Challenge**

特殊建築物の建築主は，検査済証の交付を受けた後でなければ，工事を完了した旨の届出をした日から７日を経過したときでも，仮に，当該特殊建築物を使用し，又は使用させてはならない。

建築確認・検査のしくみ

（注）（1）建築主事等が，建築確認，中間検査，完了検査を行う。
　　　（2）指定確認検査機関により選任された確認検査員が，確認検査を行う。

（×）

② 建築主事等または指定確認検査機関が安全上，防火上および避難上支障がないものとして国土交通大臣が定める基準に適合していることを認めたとき。

③ 工事完了届を提出した日から**7日を経過**したとき。また，指定確定検査機関が検査を引き受けたときは，工事が完了した日または当該検査の引き受けを行った日のいずれか遅い日から7日を経過したとき。

3 維持保全

建築物の所有者，管理者または占有者は，その建築物の敷地，構造および建築設備を常時適法な状態に維持するように努めなければならない（8条1項）。

次のいずれかに該当する建築物の所有者または管理者は，その建築物の敷地，構造および建築設備を常時適法な状態に維持するため，必要に応じ，その建築物の**維持保全に関する準則または計画**を作成し，その他適切な措置を講じなければならない（同条2項）。

① 特殊建築物で安全上，防火上または衛生上特に重要であるものとして政令で定めるもの

② ①の特殊建築物以外の特殊建築物その他政令で定める建築物で，特定行政庁が指定するもの

4 違反建築物等に対する措置

↔R1

❶違反建築物に対する措置

特定行政庁は，違反建築物について，その所有者，建築主などに対して，必要な措置をとることを命令することができる。この命令は，手続，内容等の相違により，**本命令，仮命令，工事停止命令**の3つに分けられる（9条）。

POINT
本命令，仮命令，工事停止命令の3つがある

● 本 命 令

特定行政庁は，建築基準法や条例の規定等に違反した建築物または許可に付した条件（92条の2）に違反した建築物または敷地について，建築主，工事の請負人，現場管理者，建築物または敷地の所有者，管理者，占有者（建築主等）に対して，**工事の施工の停止，建築物の除却，移転，改築，増築，修繕，模様替，使用禁止，使用制限**または条件に対する違反を是正するための措置等を命ずることができる（9条1項）。

特定行政庁は，措置を命じようとする場合には，あらかじめ，命じようとする者に対して，命じようとする措置等を記載した**通知書**を交付しなければならない（同条2項）。

この通知書の交付を受けた者は，その交付を受けた日から**3日以内**に，特定行政庁に対して**公開による意見の聴取**を行うことを請求することができる（同条3項）。特定行政庁はこの請求があったときは，その者または代理人の出頭を求めて，公開による意見の聴取を行わなければならない（同条4項）。

● 仮 命 令

特定行政庁は，緊急の必要がある場合には，仮に**使用禁止**または**使用制限**を命ずることができる（9条7項）。

この命令を受けた建築主等は，**3日以内**に公開による意見の聴取を請求することができ，特定行政庁は請求があった日から**5日以内**に意見の聴取を行わなければならない（同条8項）。意見の聴取の結果，この命令が不当でない場合には，本命令を出すことができ，不当である場合には，ただちに命令を取り消さなければならない（同条9項）。

● 工事停止命令

特定行政庁は，違反が明らかな工事の建築物については，緊急の必要があって，意見の聴取などの手続によることができない場合に限り，これらの手続によらないで，建築主，工事の請負人，現場管理者に対して，**工事の施工停止**を命ずることがで

POINT
処分を受けた建築主等は，公開による意見の聴取を請求することができる

POINT
この場合にも，処分を受けた建築主等は，公開による意見の聴取を請求することができる

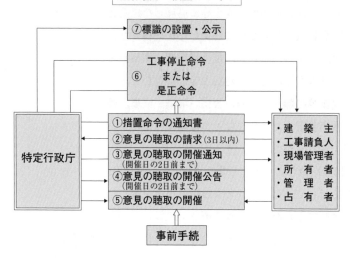

建築確認・検査のしくみ

⑦標識の設置・公示

工事停止命令
⑥ または
是正命令

特定行政庁

①措置命令の通知書
②意見の聴取の請求 (3日以内)
③意見の聴取の開催通知
（開催日の2日前まで）
④意見の聴取の開催公告
（開催日の2日前まで）
⑤意見の聴取の開催

・建　築　主
・工事請負人
・現場管理者
・所　有　者
・管　理　者
・占　有　者

事前手続

きる。この場合において，これらの者が工事現場にいないとき
は，工事従事者に対して，作業の中止を命ずることができる
（9条10項）。

　なお，特定行政庁は，前記の仮命令および工事停止命令を建
築監視員に命じて行わせることができる（9条の2）。

POINT
仮命令および工事停
止命令は，建築監視
員に行わせることが
できる

❷監督官庁への通報

　特定行政庁は，違反建築物について除却，移転，改築，工事
施工停止を命じた場合には，この違反建築物に関与した設計者，
工事監理者，請負人，宅地建物取引業者の住所，氏名等を監督
官庁へ通報しなければならない。一方，通報を受けた監督官庁
は，これらの者の免許または許可を取り消し，または営業停止
等の行政処分を行わなければならない（9条の3）。

❸保安上危険な建築物等に対する措置

● 保安上危険な建築物等の所有者等に対する指導・助言

　特定行政庁は，既存不適格建築物の敷地，構造または建築設
備について，損傷，腐食その他の劣化が生じ，そのまま放置す
れば保安上危険となり，または衛生上有害となるおそれがある

と認める場合においては，当該建築物またはその敷地の所有者，管理者または占有者に対して，修繕，防腐措置その他当該建築物またはその敷地の維持保全に関し必要な指導および助言をすることができる（9条の4）。

● **著しく保安上危険な建築物等の所有者等に対する勧告・命令**

特定行政庁は，法6条1項1号に掲げる建築物その他政令で定める建築物の敷地，構造または建築設備（既存不適格建築物に限る）について，損傷，腐食その他の劣化が進み，そのまま放置すれば著しく保安上危険となり，または著しく有害となるおそれがあると認める場合には，当該建築物またはその敷地の**所有者，**管理者または**占有者**に対して，相当の猶予期限をつけて，当該建築物の**除却，移転，改築，増築，修繕，模様替え，使用中止，使用制限**その他保安上または衛生上必要な措置をとることを勧告することができる（10条1項）。

また，特定行政庁は，前記の勧告を受けた者が正当な理由がなくその勧告にかかる措置をとらなかった場合に，特に必要があると認めるときは，その者に対し，相当の猶予期限をつけて，その**勧告にかかる措置**をとることを**命ずる**ことができる（同条2項）。

5 建築物の敷地，構造および建築設備

⊕R1・R2・R3・R5

建築基準法の規定には，すべての建築物を規制し，全国一律に適用される**単体規定**（法第2章の規定）と，都市計画区域および準都市計画区域内に限り適用される**集団規定**（法第3章の規定）とがある。

単体規定は，個々の建築物が備えていなければならない建物の安全，防火，衛生等の技術的条件を定めたもので，その主なものは次のとおりである。

❶建築物の敷地の衛生および安全

　建築物の敷地は，敷地に接している道の境より高くなければならず，建築物の地盤面は，その周囲の土地より高くなければならない。ただし，排水等支障がない場合はこの限りではない（19条1項）。

❷構造耐力

　建築物は，自重，積載荷重，積雪荷重，風圧，土圧および水圧ならびに地震等に対して安全な構造のものとしなければならない。すなわち，この規定は，担保すべき**構造耐力上の安全性の原則**を定めたもので，次の表に掲げる建築物の区分に応じた基準に適合するものでなければならない（20条1項）。

法20条1項に定める主な構造関係基準

建築物の規模		構造関係基準
超高層建築物 （1号）	・高さ60m 超の建築物	国土交通大臣の認定を受けた構造方法・構造計算に関する技術的基準（構造計算適合性判定は不要）
大規模建築物 （2号）	上記以外の建築物で， ・高さ13m 超または軒高9m 超の木造建築物 ・4階以上の鉄骨造建築物 ・高さ20m 超の（鉄骨）鉄筋コンクリート造建築物等	政令で定める構造方法・国土交通大臣が定める基準に従った構造計算に関する技術的基準（1号の基準を含む。構造計算適合性判定が必要）
中規模建築物 （3号）	上記以外の建築物で， ・3階以上または延べ面積500㎡超の木造建築物 ・2階以上または延べ面積200㎡超の木造以外の建築物等	政令で定める構造方法・国土交通大臣が定める基準に従った構造計算に関する技術的基準（1号・2号の基準を含む。大臣認定プログラムによる計算を行った場合のみ構造計算適合性判定が必要）
小規模建築物 （4号）	・上記以外の建築物	政令で定める構造方法に関する技術的基準（構造計算適合性判定は不要）

❸木造の大規模建築物等の耐火性能にかかる制限

　次のいずれかに該当する建築物（その主要構造部（床，屋根及び階段を除く）のうち自重または積載荷重を支える部分の全

部または一部に木材，プラスチック等の可燃材料を用いたものに限る）は，その特定主要構造部を通常火災終了時間（建築物の構造，建築設備および用途に応じて通常の火災が消火の措置により終了するまでに通常要する時間をいう）が経過するまでの間当該火災による建築物の倒壊および延焼を防止するために特定主要構造部に必要とされる一定の技術的基準に適合するもので，国土交通大臣が定めた構造方法を用いるもの等としなければならない。ただし，その周囲に延焼防止上有効な空地を有する建築物については，この限りでない（21条1項）。

① 地階を除く階数が四以上である建築物

② 高さが16mを超える建築物

③ 別表第一(い)欄(五)項または(六)項に掲げる用途に供する特殊建築物（倉庫，自動車車庫等。68頁参照）で，高さが13mを超えるもの

延べ面積が3,000㎡を超える建築物（その主要構造部（床，屋根および階段を除く）のうち自重または積載荷重を支える部分の全部または一部に木材，プラスチックその他の可燃材料を用いたものに限る）は，その壁，柱，床その他の建築物の部分または防火戸その他の防火設備を通常の火災時における火熱が当該建築物の周囲に防火上有害な影響を及ぼすことを防止するために，これらに必要とされる性能に関する一定の技術的基準に適合するもので，国土交通大臣が定めた構造方法を用いるものまたは国土交通大臣の認定を受けたものとしなければならない（同条2項）。

　前二項に規定する基準の適用上一の建築物であっても，別の建築物とみなすことができる部分として政令で定める部分が二以上ある建築物の当該建築物の部分は，これらの規定の適用については，それぞれ別の建築物とみなす。

❹屋根および木造建築物等の外壁

　特定行政庁が防火地域および準防火地域以外の市街地につい

て指定する区域内にある建築物の屋根の構造は，通常の火災を想定した火の粉による建築物の火災の発生を防止するために屋根に必要とされる性能に関して建築物の構造および用途の区分に応じて政令で定める**技術的基準に適合**するものでなければならない（22条1項）。

法22条1項の市街地の区域内にある木造建築物等は，その**外壁で延焼のおそれのある部分**の構造を，**準防火性能**（建築物の周囲において発生する通常の火災による延焼の抑制に一定の効果を発揮するために外壁に必要とされる性能）に関して，一定の技術的基準に適合する土塗壁その他の構造で，国土交通大臣が定めた構造方法を用いるものまたは国土交通大臣の認定を受けたものとしなければならない（23条）。

また，建築物が防火地域および準防火地域以外の市街地の区域の内外にわたる場合においては，その全部について市街地の区域内の建築物に関する規定を適用する（24条）。

❺大規模の木造建築物等の外壁および防火壁 ─────

● 大規模の木造建築物等の外壁

延べ面積（同一敷地内に二以上の木造建築物等がある場合には，その延べ面積の合計）が1,000㎡を超える木造の建築物は，その外壁および軒裏で延焼のおそれのある部分を**防火構造**とし，屋根の構造を前記❹の**不燃化**としなければならない（25条）。

● 防火壁等

延べ面積が1,000㎡を超える建築物は，防火上有効な構造の**防火壁**または**防火床**によって有効に区画し，かつ，各区画における床面積の合計をそれぞれ1,000㎡以内としなければならない。ただし，次の建築物については，防火壁等の設置を必要としない（26条）。

① 耐火建築物または準耐火建築物

② 火災の発生のおそれが少ない用途に供する**機械製作工場**などの建築物で，防火上必要な技術的基準に適合するもの

□**Challenge**
延べ面積が2,000㎡の準耐火建築物は，防火上有効な構造の防火壁によって有効に区画し，かつ，各区画の床面積の合計をそれぞれ500㎡以内としなければならない。

（×）

③　畜舎等の建築物で，その周辺地域が農地などであり，その構造などにより，避難上および延焼防止上支障がないものとして国土交通大臣が定める基準に適合するもの

❻特殊建築物の構造制限 ────────────────

次のいずれかに該当する特殊建築物は，その主要構造部を当該特殊建築物に存する者のすべてが当該特殊建築物から地上までの避難を終了するまでの間通常の火災による建築物の倒壊および延焼を防止するために特定主要構造部に必要とされる性能に関して一定の技術的基準に適合するものとし，かつ，その外壁の開口部であって建築物の他の部分から当該開口部へ延焼するおそれがあるものに，防火戸その他の防火設備を設けなければならない（27条）。

● 防火戸等の防火設備の設置が必要な特殊建築物

①　別表第一（ろ）欄に掲げる階を同表（い）欄（一）項から（四）項までに掲げる用途に供するもの（階数が三で延べ面積が200㎡未満のもの（同表（ろ）欄に掲げる階を同表（い）欄（二）項に掲げる用途に供するものにあっては，一定の警報設備を設けたものに限る）を除く）

②　別表第一（い）欄（一）項から（四）項までに掲げる用途に供するもの（劇場，病院，学校，百貨店等）で，その用途に供する部分（同表（一）項の場合にあっては客席，同表（二）項および（四）項の場合にあっては2階の部分に限り，かつ，病院等についてはその部分に病室がある場合に限る）の床面積の合計が同表（は）欄の当該各項に該当するもの

③　別表第一（い）欄（四）項に掲げる用途に供するもの（百貨店等）で，その用途に供する部分の床面積の合計が3,000㎡以上のもの

④　劇場，映画館または演芸場の用途に供するもので，主階が1階にないもの（階数が三以下で延べ面積が200㎡未満のものを除く）

別表第一　耐火建築物または準耐火建築物としなければならない特殊建築物

（い）		（ろ）	（は）	（に）
用途		その用途に供する階の位置	その用途に供する部分の床面積の合計	その用途に供する部分の床面積の合計
（一）	劇場，映画館，演芸場，観覧場，公会堂，集会場	3階以上の階	客席が200㎡以上	
（二）	病院，診療所（患者の収容施設があるものに限る。），ホテル，旅館，下宿，共同住宅，寄宿舎その他これらに類するもので政令で定めるもの	3階以上の階		2階部分300㎡以上
（三）	学校，体育館その他これらに類するもので政令で定めるもの	3階以上の階		2,000㎡以上
（四）	百貨店，マーケット，展示場，キャバレー，カフェー，ナイトクラブ，バー，ダンスホール，遊技場その他これらに類するもので政令で定めるもの	3階以上の階	3,000㎡以上	2階部分500㎡以上
（五）	倉庫その他これに類するもので政令で定めるもの		3階以上の場合200㎡以上	1,500㎡以上
（六）	自動車車庫，自動車修理工場その他これらに類するもので政令で定めるもの	3階以上の階		150㎡以上
一定量以上の危険物の貯蔵または処理場（27条3項2号）				全　部

● 耐火建築物としなければならない特殊建築物

①　別表第一（い）欄（五）項に掲げる用途に供するもの（倉庫等）で，その用途に供する3階以上の部分の床面積の合計が同表（は）欄（五）項に該当するもの

②　別表第一（ろ）欄（六）項に掲げる階を同表（い）欄（六）項に掲げる用途に供するもの（自動車車庫等）

● 耐火建築物または準耐火建築物としなければならない特殊建築物

①　別表第一（い）欄（五）項または（六）項に掲げる用途に供するもので，その用途に供する部分の床面積の合計が同表（に）欄の当該各項に該当するもの

②　別表第二（と）項第四号に規定する危険物（安全上・防火上

支障がないものを除く）の貯蔵場または処理場の用途に供
するもの（貯蔵または処理にかかる危険物の数量が一定の
限度を超えないものを除く）

❼ 衛生上の措置等

● 居室の採光，換気等

住宅，学校，病院，診療所，寄宿舎，下宿等の居室には，原
則として，採光のため窓その他の開口部を設け，その採光に有
効な部分の面積は，その居室の床面積に対して，5 分の 1 から
10分の 1 までの間において政令で定める割合以上としなければ
ならない。

ただし，地階もしくは地下工作物内に設ける居室その他これ
らに類する居住または温湿度調整を必要とする作業を行う作業
室その他用途上やむを得ない居室については，この限りでない
（28条 1 項）。また，居室には換気のための窓その他の開口部を
設け，その換気に有効な部分の面積は，その居室の床面積に対
して，20分の 1 以上としなければならない（同条 2 項）。

● 石綿等の飛散または発散に対する衛生上の措置

建築物は，石綿その他の物質の建築材料からの飛散または発
散による衛生上の支障がないよう，次に掲げる基準に適合する
ものとしなければならない（28条の 2 ）。

① 建築材料に石綿等を添加しないこと。

② 石綿等をあらかじめ添加した建築材料（石綿等を飛散・
発散させるおそれがないものとして国土交通大臣が定めた
ものまたは国土交通大臣の認定を受けたものを除く）を使
用しないこと。

③ 居室を有する建築物にあっては，①，②に定めるものの
ほか，その居室内において衛生上の支障を生ずるおそれが
ある物質（クロルピリホス，ホルムアルデヒド）の区分に
応じ，建築材料および換気設備について一定の技術的基準
に適合すること。

POINT
住宅の居室の場合，
居室の採光に有効な
部分の面積は，居室
の床面積に対して原
則 7 分の 1 であり，
照明設備の設置等の
措置に応じて，7 分
の 1 から10分の 1 ま
での範囲内で国土交
通大臣が別に定める
割合とされる（令19
条 3 項）

● 居室の天井の高さ

居室の天井の高さは2.1m以上でなければならず，一室で天井の高さの異なる部分がある場合は，その平均の高さによるものとする（令21条）。

● 地階における住宅等の居室

住宅の居室，学校の教室，病院の病室または寄宿舎の寝室で，**地階に設けるもの**は，壁および床の防湿の措置その他の事項について衛生上必要な一定の**技術的基準に適合するものとしなければならない**（29条）。

● 共同住宅等の各戸の界壁

長屋または共同住宅の各戸の界壁は，次に掲げる基準に適合するものとしなければならない（30条1項）。

① その構造が，隣接住戸の日常生活に伴い生ずる音を衛生上支障がないように低減するために界壁に必要とされる性能に関して一定の技術的基準に適合するものであること。

② 小屋裏または天井裏に達するものであること。

● 階段等の手すり

階段には，手すりを設けなければならないが，高さ1m以下の階段の部分には，適用されない（令25条）。

❽便所，避雷設備等 ─────────

下水道法に規定する**処理区域内**においては，便所は，汚水管が公共下水道に連結された**水洗便所以外**の便所としてはならない（31条）。

高さ20mを超える建築物には，**避雷設備を設けなければならず**（33条），**高さ31m**を超える建築物には，**非常用のエレベーター**を設置しなければならない（34条2項）。

一定の規模を超える建築物または窓その他の開口部を有しない建築物には，火災時などに安全に避難できるように，廊下，階段，出入口等の避難施設，排煙施設，非常用の照明装置などを設けなければならない（35条）。

POINT

建築物の避難階以外の階を，客席を有する劇場の用に供する場合には，避難階または地上に通ずる2以上の直通階段を設けなければならない

□**Challenge**

高さが20mを超える建築物には原則として非常用の昇降機を設けなければならない。

（×）

---

❾避難施設等

建築物の避難階以外の階を，劇場や演芸場，床面積の合計が1,500㎡を超える物品販売業を営む店舗とする場合には，その階から避難階または地上に通ずる二以上の直通階段を設けなければならない（令121条1項）。

屋上広場または2階以上の階にあるバルコニーその他これに類するものの周囲には，安全上必要な高さが1.1m以上の手すり壁，柵または金網を設けなければならない（令126条）。

建築物の高さ31m以下の部分にある3階以上の階には，**非常用の進入口**を設けなければならない（令126条の6）。

一定の特殊建築物または階数が3以上の建築物等の敷地内には，建築物の出口から道または公園その他の空地に通ずる幅員1.5m（3階以下で延べ面積200㎡未満の建築物の場合は90cm）以上の通路を設けなければならない（令128条）。

❿災害危険区域における建築行為の制限

地方公共団体は，条例で，津波，高潮，出水等による危険の著しい区域を災害危険区域として指定することができ，当該区域内における居住用建築物の建築の禁止その他建築物の建築に関する制限で災害防止上必要なものは条例で定める（39条）。

6 道路関係による制限

❶道路の定義

建築基準法で定める**道路**とは，次に掲げるもののいずれかに該当する**幅員4m以上**のものをいう。ただし，特定行政庁がその地方の気候・風土の特殊性・土地の状況により必要と認めて都市計画地方審議会の議を経て指定する区域内においては，**幅員6m以上**のものを道路としている（42条1項）。

① 道路法による道路……一般国道，都道府県道，市町村道をいう。

POINT
ホテル，旅館等には原則として，すべての居室（共同住宅の住戸等は対象外）に非常用の照明装置を設けなければならない

POINT
延べ面積500㎡を超える特殊建築物は，階段や昇降機の昇降路の部分等を除いて排煙設備を設けなくてはならない

POINT
地方公共団体は，条例で，建築物の敷地・構造・建築設備に関して安全上・防火上・衛生上必要な制限を付加することができる

⊕R1・R2・R3・R4・R5

POINT
道路は，幅員が4m以上でなければならない。ただし，特定行政庁が指定する区域内においては6m以上でなければならない

② 都市計画法，土地区画整理法，都市再開発法等による道路……都市計画事業，土地区画整理事業，都市再開発事業等によって築造された道路をいう。

③ 都市計画区域もしくは準都市計画区域の指定・変更または都市計画区域もしくは準都市計画区域以外の区域内における条例の制定・改正により，この章の規定（集団規定）が適用されるに至った際（都市計画区域または準都市計画区域の指定の際），現に存在する道……公道・私道の区別を問わず，都市計画区域または準都市計画区域に編入された際に，すでに道路として存在したものをいう。

□**Challenge**
都市計画区域として指定された区域内において，当該指定の際現に存在する幅員4m以上の道は，特定行政庁の指定がなければ道路として扱われない。

④ 道路法，都市計画法，土地区画整理法，都市再開発法等による新設または変更の事業計画のある道路で，2年以内にその事業が執行される予定のものとして**特定行政庁が指定したもの**……現実に一般交通の用に供されていない部分があっても，道路とみなされる。

⑤ 土地を建築物の敷地として利用するため，道路法，都市計画法，土地区画整理法，都市再開発法等によらないで築造する一定の基準に適合する道で，これを築造しようとする者が特定行政庁からその位置の指定を受けたもの（**道路位置の指定**）……私道のうち，所有者等により道路の位置指定の申請に基づいて特定行政庁が指定したものをいう。

POINT
接道義務との関係で私人の負担において道路を築造する者は，特定行政庁から道路位置の指定を受ける

なお，私道は私人の所有する道路であるから，その変更または廃止は原則として所有者の自由である。しかし，私道の変更または廃止によって法43条の接道義務の制限（条例による制限の付加を含む）に抵触することとなるときは，**特定行政庁**は，その私道の変更または廃止を**禁止**し，または**制限**することができる（45条1項）。

❷2項道路等 ————————————————

① **2項**……都市計画区域または準都市計画区域指定の際，現に建築物が立ち並んでいる**幅員**4m未満の道で，特定行

（×）

72

政庁が指定したものは，幅員が４ｍ未満であっても，法第42条第１項の規定にかかわらず建築基準法上の道路とみなされる。この場合には，その道路の中心線からの**水平距離２ｍ**（特定行政庁が指定した区域内においては３ｍ。ただし，特定行政庁が避難および通行の安全上支障がないと認める場合は２ｍ）の線を**道路の境界線**とみなすことになっている。ただし，その中心線からの**水平距離２ｍ未満**で，崖地，川，線路敷地などに沿う場合は，そのがけ地などの側の境界から道の側に**水平距離４ｍ**の線をその道路の境界線とみなすことになっている（42条２項）。

② **3項**……上記①の水平距離の特例を定めたもので，特定行政庁は，土地の状況によってやむを得ないときは，中心線から**2ｍ未満1.35ｍ以上**の範囲内で，また，がけ地等の境界線から**4ｍ未満2.7ｍ以上**の範囲内で，別にその水平距離を指定することができる（同条３項）。

③ **4項**……１項の区域内の**幅員６ｍ未満の道**（次のイまたは口に該当する道にあっては，幅員４ｍ以上のものに限ら

□**Challenge**
前面道路が幅員４ｍ未満の道で，特定行政庁が指定したものは，原則として道路の中心線から平行距離２ｍの線が道路と敷地の境界線とみなされて，建築基準法の規定が適用される。

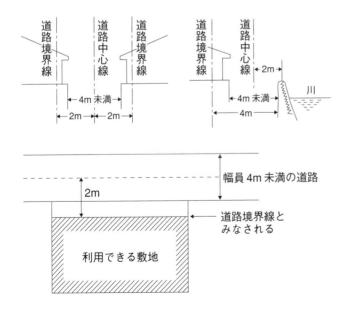

（○）

れる）で，特定行政庁が次に掲げる事項のいずれかに該当すると認めて指定したものは道路とみなす（同条4項）。

イ　周囲の状況により避難および通行の安全上支障がないと認められる道

ロ　地区計画等に定められた道の配置および規模に即して築造される道

ハ　1項の区域が指定された際現に道路とされていた道

④　**5項**……上記③ハに該当すると認めて特定行政庁が指定した幅員4m未満の道については，2項の規定にかかわらず，1項の区域が指定された際道路の境界線とみなされていた線をその道路の境界線とみなす（同条5項）。

⑤　**6項**……特定行政庁は，2項の規定により**幅員1.8m未満**の道を指定する場合または3項の規定により**別に水平距離**を指定する場合には，あらかじめ，建築審査会の同意を得なければならない（同条6項）。

❸建築物の接道義務

都市計画区域および準都市計画区域内では，建築物の敷地は，道路（自動車のみの交通の用に供する道路，地区計画の区域内の道路は除く）に2m以上接しなければならない。すなわち，道路に接していない敷地には建築物を建築することができない。これを一般に「**接道義務**」と呼んでいる（43条1項）。

ただし，次のいずれかに該当する建築物については，2m以上道路に接する必要はない（同条2項）。

①　その敷地が幅員4m以上の道（法42条1項に規定する道路に該当するものを除く）に2m以上接する建築物のうち，利用者が少数であるものとしてその用途および規模に関し一定の基準に適合するもので，特定行政庁が交通上，安全上，防火上および衛生上支障がないと認めるもの（この場合，建築審査会の同意は不要）

②　その敷地の周囲に広い空地を有する建築物その他の一定

建築物の敷地が道路に2m以上接しなければならないのは，都市計画区域および準都市計画区域内に限られる

の基準に適合する建築物で，特定行政庁が交通上，安全上，防火上および衛生上支障がないと認めて建築審査会の同意を得て許可したもの

建築物の敷地が，道路に2m以上接しなければならないということは原則的なことであって，以下の建築物については，道路に2mだけ接していたのでは，避難または通行の安全の目的を十分に達成することが困難な場合があるので，地方公共団体の条例で必要な**制限を付加**することができる（同条3項）。

① 特殊建築物
② 階数が3以上である建築物
③ 窓その他の開口部のない居室を有する建築物
④ 延べ面積が1,000㎡を超える建築物
⑤ その敷地が袋路状道路にのみ接する建築物で，延べ面積が150㎡を超えるもの（一戸建て住宅を除く）

また，地方公共団体は，交通上，安全上，防火上または衛生上必要があると認めるときは，その敷地が4m未満の道路にのみ2m以上接する建築物について，条例で，**その敷地，構造，建築設備または用途**に関して必要な**制限を付加**することができる（43条の2）。

❹道路内の建築制限

道路は，一般交通のほかに，都市の日照，通風等を確保する必要から，建築基準法では，公道，私道を問わず，原則として，道路内での建築物（附属する門，へいを含む）の建築，敷地を築造するための擁壁の設置を禁止している。ただし，次のものは，例外として道路内に建築することができる（44条）。また，地区計画，沿道整備計画の区域内に**予定道路の指定**がある場合は，道路同様の禁止措置をとっている（68条の7第4項）。

① **地盤面下に建築するもの**
② **公衆便所，巡査派出所**など公益上必要な建築物で特定行政庁が通行上支障がないと認めて建築審査会の同意を得て

許可したもの

③　地区計画の区域内の道路の上空または路面下に設ける建築物のうち，当該道路にかかる地区計画の内容に適合し，かつ，政令で定める基準に適合するものであって特定行政庁が安全上，防火上および衛生上支障がないと認めるもの

④　公共用歩廊（商店街のアーケード等），学校，病院等が道路の上空に設ける渡り廊下で，その建築物の避難施設として必要なものとして，**建築審査会の同意を得て，特定行政庁が許可したもの**

❺壁面線による建築制限

特定行政庁は，街区内における建築物の位置を整えその環境の向上を図るため必要があると認められる場合は，**建築審査会の同意を得て，壁面線を指定することができる**。この場合には，あらかじめ，その指定について利害関係をもつ者の出頭を求めて**公開による意見の聴聞を行わなければならない**（46条）。

また，この指定があると次のものは壁面線を越えて建築することができない。ただし，地盤面下の部分または特定行政庁が建築審査会の同意を得て許可した歩廊の柱その他これに類するものはさしつかえない（47条）。

①　建築物の壁もしくはこれに代わる柱

②　高さ２mを超える門もしくは塀

□**Challenge**

公衆便所，巡査派出所その他これらに類する公益上必要な建築物で通行上支障がないものは，特定行政庁の許可なしで，道路に突き出して建築することができる。

POINT

壁面線の指定は，建築審査会の同意を得て，特定行政庁が行う

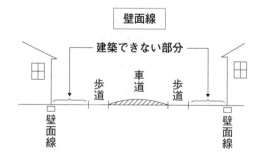

壁面線

建築できない部分

歩道　車道　歩道

壁面線　壁面線

（×）

7 建築物の用途制限

⇔R1・R2・R3・
R4

❶用途地域等

　用途地域等内において建築物を建築する場合には，78・79頁の表のような制限を受ける（48条，別表第二）。

POINT
各用途地域において，建築が禁止されている建築物であっても，特定行政庁の許可を受ければ建築することができる

　また，用途地域内においては，特定行政庁がその地域の目的に照らしてこれを阻害するおそれがないと認め，または公益上やむを得ないと認めたときは，建築物の建築制限を受けないことになっている。この場合には，あらかじめ，その許可に利害関係を有する者の出頭を求めて**公開による意見の聴聞**を行い，かつ，**建築審査会の同意**を得なければならない（同条15項）。

　用途地域等内の建築物の制限の要点は，次のとおりである。

POINT
建築物の敷地が2以上の用途地域にまたがる場合は，敷地の過半が属する地域の制限を受ける（91条）

① 　神社，寺院，教会，保育所，公衆浴場，診療所，巡査派出所，公衆電話所は，すべての用途地域内において建築することができる。

② 　住宅，共同住宅，寄宿舎，下宿，図書館，老人ホームは，工業専用地域を除くすべての用途地域内において建築することができる。

③ 　第1種・第2種低層住居専用地域では，病院は建築することができないが，診療所は建築することができる。

④ 　病院，大学，高等専門学校，専修学校は，第1種・第2種低層住居専用地域，田園住居地域（小・中・高校は可），工業地域・工業専用地域では建築することができない。

⑤ 　近隣商業地域内では，カラオケボックスは建築することができるが，料理店は建築することができない。

⑥ 　工業地域内では，住宅は建築することができるが，学校（幼保連携型認定こども園を除く），病院，ホテルまたは旅館は建築することができない。

⑦ 　自動車修理工場は，第1種・第2種低層住居専用地域，第1種・第2種中高層住居専用地域，田園住居地域以外の

別表第二　用途地域による建築物の用途制限の概要

用途地域内の建築物の用途制限 ○ 建てられる用途 × 建てられない用途 ①、②、③、④、▲：面積、階数等の制限あり	第一種低層住居専用	第二種低層住居専用	田園住居	第一種中高層住居専用	第二種中高層住居専用	第一種住居	第二種住居	準住居	近隣商業	商業	準工業	工業	工業専用	備考
	住居系								商業系		工業系			
住宅、共同住宅、寄宿舎、下宿、兼用住宅（非住宅部分の床面積が、50㎡以下かつ建築物の延べ面積の2分の1未満のもの）	○	○	○	○	○	○	○	○	○	○	○	○	×	兼用住宅は非住宅部分の用途制限あり
店舗等の床面積が150㎡以下のもの	×	①	①	②	③	○	○	○	○	○	○	○	④	① 日用品販売店舗、喫茶店、理髪店、建具屋等のサービス業用店舗のみ。2階以下。
店舗等の床面積が150㎡を超え、500㎡以下のもの	×	×	■	②	③	○	○	○	○	○	○	○	④	② ①に加えて、物品販売店舗、飲食店、損保代理店・銀行の支店・宅地建物取引業者等のサービス業用店舗のみ。2階以下。
店舗等の床面積が500㎡を超え、1,500㎡以下のもの	×	×	×	③	③	○	○	○	○	○	○	○	④	③ 2階以下
店舗等の床面積が1,500㎡を超え、3,000㎡以下のもの	×	×	×	×	×	○	○	○	○	○	○	○	④	④ 物品販売店舗、飲食店を除く。
店舗等の床面積が3,000㎡を超え、10,000㎡以下のもの	×	×	×	×	×	×	○	○	○	○	○	○	④	■ 農産物直売所、農家レストラン等のみ。2階以下。
店舗等の床面積が10,000㎡を超えるもの	×	×	×	×	×	×	×	×	○	○	○	×	×	
事務所等の床面積が1,500㎡以下のもの	×	×	×	×	▲	○	○	○	○	○	○	○	○	▲ 2階以下
事務所等の床面積が1,500㎡を超え、3,000㎡以下のもの	×	×	×	×	×	▲	○	○	○	○	○	○	○	
事務所等の床面積が3,000㎡を超えるもの	×	×	×	×	×	×	○	○	○	○	○	○	○	
ホテル、旅館	×	×	×	×	×	▲	○	○	○	○	○	×	×	▲3,000㎡以下
ボーリング場、スケート場、水泳場、ゴルフ練習場等	×	×	×	×	×	▲	○	○	○	○	○	○	×	▲3,000㎡以下
カラオケボックス等	×	×	×	×	×	×	▲	▲	○	○	○	▲	▲	▲10,000㎡以下
麻雀屋、パチンコ屋、射的場、馬券・車券発売所等	×	×	×	×	×	×	▲	▲	○	○	○	▲	×	▲10,000㎡以下
劇場、映画館、演芸場、観覧場、ナイトクラブ等	×	×	×	×	×	×	×	▲	○	○	○	×	×	▲客席等の床面積200㎡未満
キャバレー、料理店、個室付浴場等	×	×	×	×	×	×	×	×	×	○	▲	×	×	▲個室付浴場等を除く。

78

用途分類	建築物の用途	①	②	③	④	⑤	⑥	⑦	⑧	⑨	⑩	⑪	⑫	備考
公共施設・病院・学校等	幼稚園、小学校、中学校、高等学校	○	○	○	○	○	○	○	○	○	○	×	×	
	病院、大学、高等専門学校、専修学校等	×	×	○	○	○	○	○	○	○	○	×	×	
	図書館等	○	○	○	○	○	○	○	○	○	○	○	×	
	巡査派出所、神社、寺院、教会、公衆浴場、診療所、保育所等	○	○	○	○	○	○	○	○	○	○	○	○	
	老人ホーム、身体障害者福祉ホーム等	▲	○	○	○	○	○	○	○	○	○	○	×	▲600㎡以下
	老人福祉センター、児童厚生施設等	▲	▲	○	○	○	○	○	○	○	○	○	○	▲3,000㎡以下
	自動車車庫（附属車庫を除く）	×	×	▲	▲	①	①	②	○	○	○	○	○	▲300㎡以下　2階以下
	単独車庫（附属車庫）	×	×	▲	▲	②	②	③	③	○	○	○	○	▲300㎡以下　2階以下
	建築物附属自動車車庫　①②③については、建築物の延べ面積の1/2以下かつ備考欄に記載の制限	①	①	②	②	③	③	③	○	○	○	○	○	① 600㎡以下1階以下　③ 2階以下 ② 3,000㎡以下　2階以下 ※一団地の敷地内については別に制限あり。
工場・倉庫等	倉庫業倉庫	×	×	×	×	×	×	○	○	○	○	○	○	
	自家用倉庫	×	×	×	①	②	○	○	○	○	○	○	○	① 2階以下かつ1,500㎡以下 ② 3,000㎡以下 ■ 農産物および農業の生産資材を貯蔵するものに限る。
	パン屋、米屋、豆腐屋、菓子屋、洋服店、畳屋、建具屋、自転車店等で作業場の床面積が50㎡以下	×	×	■	▲	▲	○	○	○	○	○	○	○	原動機の制限あり。　▲2階以下
	危険性や環境を悪化させるおそれが非常に少ない工場	×	×	×	■	①	②	②	○	○	○	○	○	原動機・作業内容の制限あり。 作業場の床面積　① 50㎡以下　② 150㎡以下 ■ 農産物を生産、集荷、処理および貯蔵するものに限る。
倉庫等	危険性や環境を悪化させるおそれが少ない工場	×	×	×	×	×	②	②	○	○	○	○	○	
	危険性や環境を悪化させるおそれがやや多い工場	×	×	×	×	×	×	×	×	×	○	○	○	
	危険性大、または著しく環境を悪化させるおそれがある工場	×	×	×	×	×	×	×	×	×	×	○	○	
	自動車修理工場	×	×	×	×	①	②	③	○	○	○	○	○	作業場の床面積　① 50㎡以下 ② 150㎡以下　③ 300㎡以下 原動機の制限あり。
	卸売市場、火葬場、と畜場、汚物処理場、ごみ焼却場等													都市計画区域内においては都市計画決定が必要

(注) 本表は建築基準法別表第二の概要であり、すべての制限について掲載したものではない。

用途地域で建築することができるが，地域ごとに作業場の床面積による制限がある（第1種・第2種住居地域では50㎡以下，準住居地域では150㎡以下，近隣商業・商業地域では300㎡以下）。

⑧ 商業地域，近隣商業地域および準工業地域以外の用途地域ならびに都市計画区域および準都市計画区域内の用途地域の指定のない区域（市街化調整区域を除く）内においては，床面積が1万㎡を超える店舗等は建築することができない。

❷特別用途地区等

● 特別用途地区または特定用途制限地域内の建築物の建築制限

特別用途地区内においては，その地区指定の目的のためにする建築物の建築制限または禁止に関して必要な規定は，**地方公共団体の条例**で定められる。この場合，地方公共団体は国土交通大臣の承認を得て，条例で，上記の各地域の制限を緩和することができる（49条）。

また，**特定用途制限地域内**における建築物の用途制限は，当該特定用途制限地域に関する都市計画に即し，政令で定める基準に従い，地方公共団体の条例で定める（49条の2）。

● 用途地域等における建築物の敷地・構造・建築設備に対する制限

用途地域，特別用途地区，特定用途制限地域，都市再生特別地区，居住環境向上用途誘導地区または特定用途誘導地区内における建築物の敷地，構造または建築設備に関する制限で当該地域または地区の指定の目的のために必要なものは，地方公共団体の条例で定める（50条）。

● 卸売市場等の用途に供する特殊建築物の位置

都市計画区域内においては，卸売市場，火葬場またはと畜場，汚物処理場，ごみ焼却場，その他の処理施設は，周辺の環境に与える影響が大きいため，その敷地の位置が都市計画において決定されていなければ建築することができない（51条）。

POINT
特定行政庁が都道府県都市計画審議会の議を経て許可した場合は，建築することができる

80

8 容積率による制限

⊕R2

❶容積率の意義

　容積率とは，建築物の延べ面積の敷地面積に対する割合（52条1項）をいう。敷地内に建築することができる建築物の規模を延べ面積（各階の床面積の合計）によって規制しようとするものである。

$$容積率（\%）= \frac{建築物の延べ面積}{敷地面積}（\times 100）$$

❷容積率制限の内容

●地域ごとの制限

　用途地域等においては，その地域の種類に応じて都市計画で定められる次頁の「地域別容積率一覧表」の割合以下でなければならない（52条1項）。

●前面道路の幅員による制限

　前面道路（前面道路が二以上あるときは，その幅員の最大のもの）の幅員が12m未満である建築物の容積率は，当該前面道路の幅員のmの数値に，次の①から③までの区分に従い，それぞれに定める数値を乗じたもの以下でなければならない（同条2項）。

①　第1種・第2種低層住居専用地域または田園住居地域内の建築物……10分の4

②　第1種・第2種中高層住居専用地域内の建築物または第1種・第2種住居地域もしくは準住居地域内の建築物（高層住居誘導地区内の建築物は除く）……10分の4。ただし，特定行政庁が都道府県都市計画審議会の議を経て指定する区域内の建築物にあっては，10分の6

　たとえば，準住居地域内の建築物の容積率が400％と定められている場合で前面道路の幅員が8mのときは，前面道路の幅員に乗ずる数値が原則の10分の4と定められてい

用途地域等	容 積 率
第1種・第2種低層住居専用地域，田園住居地域	$\dfrac{5}{10}\cdot\dfrac{6}{10}\cdot\dfrac{8}{10}\cdot\dfrac{10}{10}\cdot\dfrac{15}{10}$または$\dfrac{20}{10}$のうち都市計画で定められたもの
第1種・第2種中高層住居専用地域，第1種・第2種住居地域，準住居地域，近隣商業地域，準工業地域（高層住居誘導地区，居住環境向上用途誘導地区，特定用途誘導地区内の建築物は除く）	$\dfrac{10}{10}\cdot\dfrac{15}{10}\cdot\dfrac{20}{10}\cdot\dfrac{30}{10}\cdot\dfrac{40}{10}$または$\dfrac{50}{10}$のうち都市計画で定められたもの
商業地域	$\dfrac{20}{10}\cdot\dfrac{30}{10}\cdot\dfrac{40}{10}\cdot\dfrac{50}{10}\cdot\dfrac{60}{10}\cdot\dfrac{70}{10}\cdot\dfrac{80}{10}\cdot\dfrac{90}{10}\cdot\dfrac{100}{10}\cdot\dfrac{110}{10}\cdot\dfrac{120}{10}$または$\dfrac{130}{10}$のうち都市計画で定められたもの
工業地域，工業専用地域	$\dfrac{10}{10}\cdot\dfrac{15}{10}\cdot\dfrac{20}{10}\cdot\dfrac{30}{10}$または$\dfrac{40}{10}$のうち都市計画で定められたもの
高層住居誘導地区	高層住居誘導地区内の制限参照
居住環境向上用途誘導地区 特定用途誘導地区	居住環境向上用途誘導地区・特定用途誘導地区に関する都市計画で定められた数値
用途地域の指定のない区域	$\dfrac{5}{10}\cdot\dfrac{8}{10}\cdot\dfrac{10}{10}\cdot\dfrac{20}{10}\cdot\dfrac{30}{10}$または$\dfrac{40}{10}$のうち，特定行政庁が土地利用の状況等を考慮し当該区域を区分して都道府県都市計画審議会の議を経て定めるもの

る場合の前面道路の幅員による容積率は，$8\times\dfrac{4}{10}=\dfrac{32}{10}$である。これは400％未満であるから10分の32の制限が適用されるので，容積率は10分の32以下としなければならない。

③　その他の建築物……10分の6。ただし，特定行政庁が都道府県都市計画審議会の議を経て指定する区域内の建築物にあっては，10分の4または10分の8のうち特定行政庁が都道府県都市計画審議会の議を経て定めるもの

（×）

● 高層住居誘導地区内の制限

高層住居誘導地区は，都市計画法8条1項2号の4に定める地域地区で，第1種住居地域，第2種住居地域，準住居地域，近隣商業地域または準工業地域で，これらの地域に関する都市計画において容積率が10分の40または10分の50と定められた地区に限り，「住居と住居以外の用途とを適正に配分し，利便性の高い高層住宅の建設を誘導する」（都市計画法9条17項）こととしている。

誘導地区内の建築物の制限は，その住宅の用途に供する部分の床面積の合計がその延べ面積の3分の2以上であるものについて，容積率制限について用途地域に関する都市計画において定められた第1種住居地域等の数値の1.5倍以下で，政令で定める方法により算出した数値までの範囲内で，誘導地区に関する都市計画において定められたものとされている（52条1項5号）。

● 第1種住居地域等の容積率の緩和

その全部または一部を住宅の用途に供する建築物で，次の条件に該当するものについては，用途地域に関する都市計画で定める容積率の1.5倍を限度としてその容積率を緩和することができる（52条8項）。

① 第1種・第2種住居地域，準住居地域，近隣商業地域もしくは準工業地域（高層住居誘導地区および特定行政庁が都道府県都市計画審議会の議を経て指定する区域を除く）または商業地域（特定行政庁が都道府県都市計画審議会の議を経て指定する区域を除く）内にあること。

② その敷地内に一定規模以上の空地を有し，かつ，その敷地面積が一定規模以上であること。

● 容積率制限の特例

次のものについては，容積率制限の特例が設けられている。

① 法52条の容積率の適用にあたっては，建築物に自動車ま

たは自転車の停留または駐車の施設がある場合には，その部分の床面積は敷地内のすべての建築物の各階の床面積の合計の**5分の1**までは延べ面積に算入されない。また，宅配ボックスを設けた部分については，**100分の1**までは延べ面積に算入されない（令2条1項4号，同条3項）。

② 建築物の地階で，当該建築物の住宅および老人ホーム等の用途に供する部分の床面積の合計の**3分の1**を限度として，容積率の算定の基礎となる延べ面積に算入しない。この場合の不算入の対象となるのは，床面から地盤面までの高さが天井の高さの3分の1以上ある地階のうち，その天井が地盤面からの高さ1m以下にあるものである（52条3項）。

③ 建築物（高層住居誘導地区内の建築物を除く）の容積率の算定の基礎となる延べ面積には，**エレベーターの昇降路の部分**，共同住宅や老人ホーム等の共用の廊下もしくは階段の用に供する部分，住宅や老人ホーム等に設ける**機械室等**で，特定行政庁が交通上，安全上，防火上および衛生上支障がないと認めるものの床面積は，算入しない（同条6項）。

❸建築物の敷地が二以上の地域にわたる場合の措置

建築物の敷地が，容積率による制限を受ける地域の内外にわたる場合の容積率は，その敷地の属する地域の容積率に**面積比を乗じて得たものの合計以下**でなければならない（52条7項）。

次に，次図のような近隣商業地域と準住居地域にまたがる敷地に住宅を建築する場合の容積率について，検討してみる。

① 近隣商業地域の部分の容積率限度は

$$6\,(\text{m}) \times \frac{6}{10} = \frac{36}{10} \qquad \frac{40}{10} > \frac{36}{10} \qquad \text{したがって，} \frac{36}{10}$$

② 準住居地域の部分の容積率限度は

$$6\,(\text{m}) \times \frac{4}{10} = \frac{24}{10} \qquad \frac{20}{10} < \frac{24}{10} \qquad \text{したがって，} \frac{20}{10}$$

□**Challenge**
容積率の算定に当たっては，老人ホームの共用の廊下または階段の用に供する部分の床面積は，その建築物の延べ面積には算入しない。

（○）

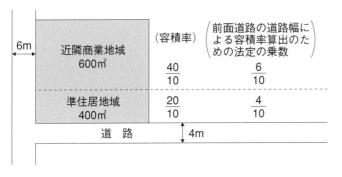

□**Challenge**

建築物の敷地が第二種中高住居専用地域と第一種住居地域にわたり，かつ，当該敷地の過半が第二種中高住居専用地域内にある場合は，当該敷地が第二種中高層住居専用地域内にあるものとみなして，容積率に係る制限及び建蔽率に係る制限が適用される。

③　各地域に属する敷地の部分の面積比に基づいて加重平均して求めた容積率の限度は

$$\frac{36}{10} \times \frac{600 \ (㎡)}{1,000 \ (㎡)} + \frac{20}{10} \times \frac{400 \ (㎡)}{1,000 \ (㎡)} = \frac{296}{100}$$

④　敷地内に建築できる建物の延べ面積の限度は

$$1,000 \ (㎡) \times \frac{296}{100} = 2,960 \ (㎡)$$

❹道路幅員による容積率制限の合理化

　建築物の容積率は，前記のとおり都市計画で定められた容積率以下で，かつ，道路幅員による容積率以下でなければならない。しかし，土地の合理的な高度利用や空間形成を図るため，次のような合理化の措置がとられている。

①　**幅員6m以上12m未満の前面道路が延長70m以内で幅員15m以上の道路**（特定道路）**に接続する場合には，**都市計画で定められた容積率の限度の範囲内で，その幅員に，特定道路からその建築物の敷地が接する**前面道路までの延長に応じて，**政令で定める**数値を加えたものとする**（52条9項）。

　政令で定める数値は，次の式によって計算する（令135条の16）。

$$Wa = \frac{(12 - Wr) \ (70 - L)}{70}$$

Wa……政令で定める数値（m）

Wr……前面道路の幅員（m）

（×）

前面道路の幅員が6m以上の場合

70m

幅員
15m以上

前面道路

幅員6m以上12m未満

特
定
道
路

L………特定道路からその建築物の敷地が接する前面道
路の部分の直近までの延長（m）

たとえば，前面道路の幅員が 6 m，特定道路までの延長
距離が35mで，前面道路の幅員による乗数が10分の 6 であ
る場合には，次のように計算する。

加える数値 $Wa = \dfrac{(12-6) \times (70-35)}{70} = 3$ m

前面道路の幅員による容積率

$(6\,\text{m} + 3\,\text{m}) \times \dfrac{6}{10} = \dfrac{54}{10}$ ……540%

すなわち，従来の容積率（360%）に比べ，180%増加す
ることになる。

② 建築物の敷地が都市計画で定められた**計画道路**（都市計
画法などによる新設または変更の事業計画のある道路で，
2 年以内にその事業が執行される予定のものとして特定行
政庁が指定したものを除く）に接する場合または当該敷地
内に計画道路がある場合において，特定行政庁が許可した
建築物については，当該計画道路の幅員を前面道路の幅員
とみなして，容積率算定における道路幅員とすることがで
きる（52条10項）。

③ **壁面線の指定**がある場合において，特定行政庁が一定の

計画道路に接する場合

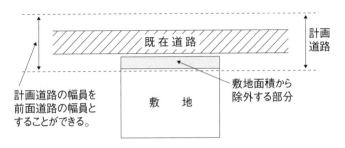

計画道路の幅員を
前面道路の幅員と
することができる。

敷地面積から
除外する部分

□**Challenge**
建築物の敷地が都市
計画に定められた計
画道路（建築基準法
第42条第1項第4号
に該当するものを除
く）に接する場合に
おいて，特定行政庁
が交通上，安全上，
防火上及び衛生上支
障がないと認めて許
可した建築物につい
ては，当該計画道路
を前面道路とみなし
て容積率を算定す
る。

条件に適合すると認めて許可した建築物については，計画
道路の場合と同様に，壁面線の位置に道路境界線があるも
のとみなして，容積率算定における道路幅員とすることが
できる（同条11項）。

❺特定行政庁の許可による容積率の緩和────────

容積率制限は，次のいずれかに該当する建築物で特定行政庁
が交通上，安全上，防火上および衛生上支障がないと認めて許
可した場合には，その許可の範囲内で制限が緩和されている
（52条14項）。

① 同一敷地内の建築物の機械室その他これに類する部分の
床面積の合計の建築物の延べ面積に対する割合が著しく大
きい場合におけるその敷地内の建築物。たとえば，**中水道
施設，防災用備蓄倉庫，変電所等**

② その敷地の周辺に広い**公園，広場，道路**その他の空地を
有する建築物

③ 建築物のエネルギー消費性能の向上のため必要な外壁に
関する工事その他の屋外に面する建築物の部分に関する工
事を行う建築物で構造上やむを得ないものとして国土交通
省令で定めるもの

（○）

9 建蔽率による制限

9 建蔽率による制限

9 建蔽率による制限

❶建蔽率の意義

　建蔽率（けんぺいりつ）とは，建築物の建築面積（同一敷地内に二以上の建築物があるときは，その建築面積の合計）の敷地面積に対する割合をいい，敷地内に一定の空き地を確保するための規定である。

$$建蔽率（\%）＝\frac{建築物の建築面積}{敷地面積}（\times 100）$$

❷建蔽率制限の内容

● 基本的な建蔽率制限

　基本的には，次の「建蔽率一覧表」のとおり地域ごとに定める建蔽率を超えてはならない（53条1項）。また，建築物の敷地が異なる用途地域等にまたがる場合には，容積率制限と同じ

POINT
建築物の建築面積とは，建築物（地階で地盤面上1m以下にある部分を除く）の外壁またはこれに代わる柱の中心線で囲まれた部分をいう（令2条1項2号）

POINT
地域ごとに定める建蔽率を超えてはならない

容積率のように前面道路の幅員による制限はない

□Challenge
第一種低層住居専用地域内の建築物においては，建蔽率に係る制限は，適用されない。

建蔽率一覧表（法53条1項）

条項	用途地域等	建蔽率
1号	第1種・第2種低層住居専用地域，第1種・第2種中高層住居専用地域，田園住居地域，工業専用地域	$\frac{3}{10}・\frac{4}{10}・\frac{5}{10}$または$\frac{6}{10}$のうち，都市計画で定める割合
2号	第1種・第2種住居地域，準住居地域，準工業地域	$\frac{5}{10}・\frac{6}{10}$または$\frac{8}{10}$のうち，都市計画で定める割合
3号	近隣商業地域	$\frac{6}{10}$または$\frac{8}{10}$のうち，都市計画で定める割合
4号	商業地域	$\frac{8}{10}$
5号	工業地域	$\frac{5}{10}$または$\frac{6}{10}$のうち，都市計画で定める割合
6号	用途地域の指定のない区域	$\frac{3}{10}・\frac{4}{10}・\frac{5}{10}・\frac{6}{10}$または$\frac{7}{10}$のうち，特定行政庁が土地利用の状況等を考慮し，当該区域を区分して都道府県都市計画審議会の議を経て定めるもの

（×）

ように，その敷地の属する地域の建蔽率に面積比を乗じて得た
ものの合計以下でなければならない（同条 2 項）。

● 建蔽率制限の緩和・適用除外

① 建蔽率は，上記のとおり用途地域ごとに定められているが，
次の 2 つの条件のうち，いずれか 1 つを充たす場合には，基
本的な建蔽率に**10%を加えた割合**とし，また，2 つの条件の
両方を充たす場合には，**20%を加えた割合**とすることになっ
ている（同条 3 項）。

(1) **防火地域**（建蔽率の限度が10分の 8 とされている地域を
除く）内にある**イ**に該当する建築物または**準防火地域**内に
あるイもしくはロのいずれかに該当する建築物

　　イ **耐火建築物**またはこれと同等以上の延焼防止性能（通
常の火災による周囲への延焼を防止するために壁，柱，
床その他の建築物の部分および防火戸その他の防火設備
に必要とされる性能をいう。ロにおいて同じ）を有する
ものとして政令で定める建築物（耐火建築物等）

　　ロ **準耐火建築物**またはこれと同等以上の延焼防止性能を
有するものとして政令で定める建築物（耐火建築物等を
除く。準耐火建築物等）

(2) **街区の角**にある敷地またはこれに準ずる敷地で特定行政
庁が指定する敷地内にある建築物

② **隣地境界線から後退して壁面線の指定がある場合**または法
68条の 2 第 1 項の規定に基づく条例（後述の[15]地区計画等の
区域内における規制参照）で定める**壁面線の位置の制限**（隣
地境界線に面する建築物の壁またはこれに代わる柱の位置お
よび隣地境界線に面する高さ 2 mを超える門または塀の位置
を制限するものに限られる）がある場合には，当該壁面線ま
たは壁面の位置の制限として**定められた限度の線を越えない
建築物**（ひさしなどは除かれる）で，特定行政庁が安全上，
防火上および衛生上支障がないと認めて許可したものの**建蔽**

率は，法53条１項から３項までの規定にかかわらず，その許
可の範囲内において，上記の規定による限度を超えることが
できる（同条４項）。

③　次のいずれかに該当する建築物で，特定行政庁が安全上，
防火上および衛生上支障がないと認めて許可したものの建蔽
率は，法53条１項から３項までの規定にかかわらず，その許
可の範囲内において，これらの規定による限度を超えるもの
とすることができる（同条５項）。

(1)　特定行政庁が街区における避難上および消火上必要な機
能の確保を図るため必要と認めて前面道路の境界線から後
退して壁面線を指定した場合における，当該壁面線を越え
ない建築物

(2)　特定防災街区整備地区に関する都市計画において，火事
または地震が発生した場合において延焼防止上および避難
上確保されるべき機能（特定防災機能）の確保を図るため
必要な壁面の位置の制限（道路に面する建築物の壁または
これに代わる柱の位置および道路に面する高さ２ｍを超え
る門または塀の位置を制限するものに限る）が定められた
場合における，当該壁面の位置の制限として定められた限
度の線を越えない建築物

(3)　市町村の条例において防災街区整備地区計画の区域（特
定建築物地区整備計画または防災街区整備地区整備計画が
定められている区域に限る）における特定防災機能の確保
を図るため必要な壁面の位置の制限が定められた場合にお
ける，当該壁面の位置の制限として定められた限度の線を
越えない建築物

(4)　建築物のエネルギー消費性能の向上のため必要な外壁に
関する工事その他の屋外に面する建築物の部分に関する工
事を行う建築物で構造上やむを得ないものとして国土交通
省令で定めるもの

④ 次のような建築物については，**建蔽率制限は適用されない**ことになっている（同条6項）。

(1) **防火地域**（建蔽率の限度が10分の8とされている地域に限る）内にある**耐火建築物等**

(2) 巡査派出所，公衆便所，公共用歩廊その他これらに類するもの

(3) 公園，広場，道路，川その他これらに類するものの内にある建築物で特定行政庁が安全上，防火上および衛生上支障がないと認めて許可したもの

⑤ 建築物の敷地が防火地域の内外にわたり，その敷地内の建築物の全部が耐火建築物等である場合は，その敷地はすべて**防火地域内にあるものとして取り扱われる**（同条7項）。

⑥ 建築物の敷地が準防火地域と防火地域および準防火地域以外の区域とにわたる場合において，その敷地内の建築物の全部が耐火建築物等または準耐火建築物等であるときは，その敷地は，すべて**準防火地域内にあるものとみなして**，法53条3項1号の規定を適用する（同条8項）。

● **敷地が異なる用途地域にまたがる場合**

次図のような第2種中高層住居専用地域と近隣商業地域（防火地域）にまたがる敷地に住宅を建築する場合の建蔽率について，検討してみる。

(1) 近隣商業地域で建蔽率が10分の8と定められており，かつ，防火地域内にあるので，建蔽率の限度は

法53条5項1号による無制限，したがって，$\frac{10}{10}$

(2) 第2種中高層住居専用地域の部分の建蔽率の限度は

$\frac{5}{10} + \frac{2}{10} = \frac{7}{10}$ ※法53条3項2号による角地緩和$\frac{1}{10}$および同条6項により，耐火建築物であることから，すべて防火地域内にあるものとして取り扱われる結果，同条第3項第1号により$\frac{1}{10}$緩和され，あわせて$\frac{2}{10}$の緩和となる。

（○）

□**Challenge**
建蔽率の限度が80%とされている防火地域内にある耐火建築物については，建蔽率による制限は適用されない。

道
路

防火地域

第2種中高層住居専用地域
600㎡

近隣商業
地　　域
400㎡

道　路

（注）　1．ここに建築する建築物の構造は，耐火建築物とする。

　　　　2．この敷地（1,000㎡）は，法53条3項2号により角地として指定されている。

　　　　3．建蔽率の限度は，都市計画で第2種中高層住居専用地域内が$\dfrac{5}{10}$，近隣商業地域が$\dfrac{8}{10}$と定められている。

(3)　各地域に属する敷地の部分の面積比に基づいて加重平均して求めた建蔽率の限度は

$$\dfrac{10}{10} \times \dfrac{400\ (\text{㎡})}{1,000\ (\text{㎡})} + \dfrac{7}{10} \times \dfrac{600\ (\text{㎡})}{1,000\ (\text{㎡})} = \dfrac{82}{100}$$

(4)　敷地内に建築できる建物の建築面積の限度は

$$1,000\,(\text{㎡}) \times \dfrac{82}{100} = 820\ (\text{㎡})$$

10　建築物の敷地面積

　建築物の**敷地面積**は，すべての**用途地域**に関する都市計画で建築物の**敷地面積の最低限度**を定められたときは，当該最低限度以上でなければならない。ただし，次のいずれかに該当する建築物の敷地は除外される（53条の2第1項）。

①　建蔽率の限度が10分の8とされている地域内で，かつ，防火地域内にある耐火建築物等

②　公衆便所，巡査派出所その他これらに類する建築物で公益上必要なもの

③　その敷地の周囲に広い公園，広場，道路その他の空地を

すべての用途地域の都市計画で，建築物の敷地面積の最低限度を定めることができる

有する建築物で，特定行政庁が市街地の環境を害するおそれがないと認めて許可したもの

④　特定行政庁が用途上または構造上やむを得ないと認めて許可したもの

また，都市計画で建築物の敷地面積の最低限度を定める場合には，その最低限度は，200㎡を超えてはならない（同条2項）。

都市計画で建築物の敷地面積の最低限度が定められ，または変更された際，現に建築物の敷地として使用されている土地で，同条1項の規定に適合しないものまたは現に存する所有権その他の権利に基づいて建築物の敷地として使用するならば同項の規定に適合しないこととなる土地について，その**全部を一の敷地として使用する場合**には，同項の規定は適用されない。ただし，次のいずれかに該当する土地については，この限りでない（同条3項）。

①　1項の都市計画における建築物の敷地面積の最低限度が変更された際，建築物の敷地面積の最低限度に関する従前の制限に違反していた建築物の敷地，または所有権その他の権利に基づいて建築物の敷地として使用するならば当該制限に違反することとなった土地

②　1項の規定に適合するに至った建築物の敷地，または所有権その他の権利に基づいて建築物の敷地として使用するならば同項の規定に適合するに至った土地

11 外壁の後退距離の制限

第1種低層住居専用地域，第2種低層住居専用地域または田園住居地域内では，建築物の外壁またはこれに代わる柱の面から敷地境界線までの距離（**外壁の後退距離**）を1.5mまたは1mと都市計画で定めることができる。この場合，当該地域に関する都市計画において外壁の後退距離の限度が定められている

ときは，政令で定める場合を除き，当該限度以上でなければな
らない（54条）。

12 建築物の高さの制限

❶第1種低層住居専用地域等内における建築物の高さの制限

　第1種低層住居専用地域，第2種低層住居専用地域または田
園住居地域内では，建築物の高さは，**10mまたは12mのうち当
該地域に関する都市計画において定められた建築物の高さの限
度を超えてはならない**（55条1項）。

　前記の都市計画で建築物の高さの限度が**10m**と定められた場
合において，その敷地内に一定面積以上の空地を有し，かつ，
その敷地面積が一定規模以上である建築物であって，特定行政
庁が低層住宅にかかる良好な住居の環境を害するおそれがない
と認めるものの高さの限度は，**12m**とする（同条2項）。

　また，次のいずれかに該当する建築物で，特定行政庁が，あ
らかじめ，**建築審査会の同意を得て許可したもの**については，
この高さの制限は適用されない（同条4項）。

① 　その敷地の周囲に広い公園，広場，道路その他の空地を
　　有する建築物であって，低層住宅にかかる良好な環境を害
　　するおそれのないもの

② 　学校その他の建築物であって，その用途によってやむを
　　得ないと認められるもの

❷前面道路の斜線制限

　建築物の各部分の高さは，**前面道路の反対側の境界線から一
定距離以下の範囲内においてのみ制限を受ける**。この場合の距
離は，用途地域等および容積率の限度に応じて別表第三に示さ
れている（56条）。

① 　建築物の各部分の高さは，別表第三(い)欄および(ろ)欄に掲
　　げる用途地域等と容積率の限度の区分に応じて，前面道路

□**Challenge**
第一種住居地域内に
おいては，建築物の
高さは，10m又は12
mのうち当該地域
に関する都市計画に
おいて定められた建
築物の高さの限度を
超えてはならない。

POINT
道路斜線制限の計算
は，別表第三による

（×）

94

別表第三　前面道路との関係についての建築物の各部分の高さの制限

	(い)	(ろ)	(は)	(に)
	建築物がある地域または区域	第52条第1項，第2項，第7項および第9項の規定による容積率の限度	距離	数値
1	第1種・第2種低層住居専用地域，第1種・第2種中高層住居専用地域，田園住居地域，第1種・第2種住居地域または準住居地域内の建築物（4の建築物を除く）	10分の20以下の場合	20m	1.25
		10分の20を超え，10分の30以下の場合	25m	
		10分の30を超え，10分の40以下の場合	30m	
		10分の40を超える場合	35m	
2	近隣商業地域または商業地域内の建築物	10分の40以下の場合	20m	1.5
		10分の40を超え，10分の60以下の場合	25m	
		10分の60を超え，10分の80以下の場合	30m	
		10分の80を超え，10分の100以下の場合	35m	
		10分の100を超え，10分の110以下の場合	40m	
		10分の110を超え，10分の120以下の場合	45m	
		10分の120を超える場合	50m	
3	準工業地域，工業地域または工業専用地域内の建築物	10分の20以下の場合	20m	1.5
		10分の20を超え，10分の30以下の場合	25m	
		10分の30を超え，10分の40以下の場合	30m	
		10分の40を超える場合	35m	
4	第1種・第2種住居地域，準住居地域または準工業地域内について定められた高層住居誘導地区内の建築物であって，その住宅の用途に供する部分の床面積の合計がその延べ面積の3分の2以上であるもの		35m	1.5
5	用途地域の指定のない区域内の建築物	10分の20以下の場合	20m	1.25または1.5のうち特定行政庁が土地利用の状況等を考慮し当該区域を区分して都道府県都市計画審議会の議を経て定めるもの
		10分の20を超え，10分の30以下の場合	25m	
		10分の30を超える場合	30m	

備考
1　建築物がこの表(い)欄に掲げる地域または区域の二以上にわたる場合においては，同欄中「建築物」とあるのは，「建築物の部分」とする。
2　建築物の敷地がこの表(い)欄に掲げる地域・地区または区域の二以上にわたる場合における同表(は)欄に掲げる距離の適用に関し必要な事項は，政令で定める。
3　この表(い)欄1の項に掲げる第1種もしくは第2種中高層住居専用地域（法第52条第1項第2号の規定により，容積率の限度が10分の40以上とされている地域に限る）または第1種・第2種住居地域もしくは準住居地域のうち，特定行政庁が都道府県都市計画審議会の議を経て指定する区域内の建築物について，(は)欄1の項中「25m」とあるのは「20m」と，「30m」とあるのは「25m」と，「35m」とあるのは「30m」と，(に)欄1の項中「1.25」とあるのは「1.5」とする。

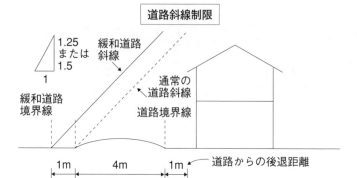

道路斜線制限

の反対側の境界線からの水平距離が**同表㈥欄に掲げる距離以下の範囲内**においては，当該部分から前面道路の反対側の境界線までの水平距離に，同表㈬欄に掲げる数値を乗じて得たもの以下でなければならない（56条1項1号）。この制限を通称**道路斜線制限**といっている。この制限は，市街地における道路や沿道の上部空間を確保することを目的とするものである。

　なお，道路斜線制限について，第1種中高層住居専用地域など住居系の地域内にある建築物のうち，特定行政庁が都道府県都市計画審議会の議を経て指定する区域内のものについては，斜線勾配を1.25から1.5に変更することができる（前頁の別表第三の備考を参照）。

② 前面道路の**境界線から後退**した建築物に対する道路斜線制限は，その後退距離だけ，前面道路の反対側の境界線が外側にあるものとして適用される(56条2項)。つまり，建築物を前面道路から後退させ，敷地の道路側に空地を設けた場合には，建築物の道路に対する影響が減少するので，前面道路の反対側の境界線がセットバックの距離だけ外側に移動したものとして道路斜線制限を適用する。

　（×）

□**Challenge**
道路斜線制限は，用途地域の指定のない区域内については，適用されない。

③　第1種・第2種中高層住居専用地域，第1種・第2種住
居地域または準住居地域内で前面道路の幅員が12m以上で
ある建築物については，別表第三の㊁欄に掲げる数値が1.
25倍とある場合において，前面道路の反対側の境界線から
の水平距離が前面道路の幅員の1.25倍以上の区域内に限り
1.5倍とし，道路斜線制限の勾配を緩和している（同条3
項）。

④　敷地が2以上の道路に接する場合，公園・広場に接する
場合，建築物の敷地と道路または隣地との高低差が著しい
場合，その他特別の事情がある場合には，道路斜線制限が
緩和されている（同条6項）。

❸隣地境界線の斜線制限 ─────────────────

建築物の各部分の高さは，当該部分から隣地境界線までの水
平距離に，次に掲げる区分に従い，次の①もしくは④に定める
数値が1.25とされている建築物で高さが20mを超える部分を有
するもの，または①から④までに定める**数値が2.5とされてい**
る建築物（②および③に掲げる建築物で，特定行政庁が都道府
県都市計画審議会の議を経て指定する区域内にあるものを除
く）で**高さが31mを超える部分を有するもの**にあっては，それ
ぞれの部分から隣地境界線までの水平距離のうち最小のものに
相当する距離を加えたものとし，隣地境界線までの水平距離に
①から④までに定める数値を乗じたものに，①に掲げる建築物
については20mを，①から④までに定める**数値が2.5とされて**
いる建築物にあっては31mをそれぞれ加えたものとされている
（56条1項2号）。

この制限は，隣地における建築物の日照，採光，通風等を確
保するため，建築物の各部分の高さは，その部分から隣地境界
線までの水平距離の1.25倍（住居系の地域）した数値に20mを,
また2.5倍の地域では31mをそれぞれ加えたものとされている。

①　第1種・第2種中高層住居専用地域内の建築物，第1種

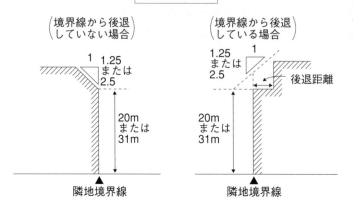

隣地斜線制限

（境界線から後退 していない場合）

1 1.25
または
2.5

20m
または
31m

隣地境界線

（境界線から後退 している場合）

1.25
または
2.5
1

後退距離

20m
または
31m

隣地境界線

POINT
第1種・第2種低層住居専用地域および田園住居地域内では，隣地斜線制限は適用されない

・第2種住居地域内の建築物または準住居地域内の建築物（次の③の建築物は除く）……1.25（52条1項2号の規定により容積率の限度が10分の30以下とされている第1種・第2種中高層住居専用地域以外の地域のうち，特定行政庁が都道府県都市計画審議会の議を経て指定する区域内の建築物にあっては，2.5）

② 近隣商業地域もしくは準工業地域内の建築物（次の③の建築物は除く）または商業地域，工業地域もしくは工業専用地域内の建築物……2.5

③ 高層住居誘導地区内の建築物で，その住宅の用途に供する部分の床面積の合計がその延べ面積の3分の2以上であるもの……2.5

④ 用途地域の指定のない区域内の建築物……1.25または2.5のうち，特定行政庁が土地利用の状況等を考慮し当該区域を区分して都道府県都市計画審議会の議を経て定めるもの

❹北側境界線の斜線制限

第1種・第2種低層住居専用地域，田園住居地域または第1種・第2種中高層住居専用地域内においては，建築物の各部分

北側斜線制限

区　　分	立ち上がり	勾　配
第1種・第2種低層住居専用地域	5 m	1.25／1
第1種・第2種中高層住居専用地域	10 m	1.25／1

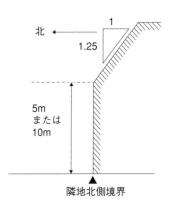

隣地北側境界

の高さは，次のように北側境界線からの斜線制限を受ける（56
条1項3号）。

① 第1種・第2種低層住居専用地域または田園住居地域内
の建築物については，当該部分から前面道路の反対側の境
界線または隣地境界線までの真北方向の**水平距離に1.25を
乗じて得たものに5mを加えたもの以下でなければならな
い。**

② 第1種・第2種中高層住居専用地域内の建築物（地方公
共団体の条例で日影による中高層建築物の制限を受けるも
のは除く）については，当該部分から前面道路の反対側の
境界線または隣地境界線までの真北方向の**水平距離に1.25
を乗じて得たものに10mを加えたもの以下でなければなら
ない。**

❺**日影による中高層建築物の高さの制限**

第1種低層住居専用地域，第2種低層住居専用地域，田園住
居地域，第1種中高層住居専用地域，第2種中高層住居専用地
域，第1種住居地域，第2種住居地域，準住居地域，近隣商業

地域，準工業地域または用途地域の指定のない区域のうち，地方公共団体が条例で指定する区域（対象区域）内にある次の建築物については，冬至日の真太陽時による午前8時から午後4時まで（北海道の区域内にあっては，午前9時から午後3時まで）の間において，法別表第四(は)欄に掲げる**平均地盤面からの高さに，敷地境界線からの水平距離が5mを超える範囲において，法別表第四(に)**欄に掲げる日影時間のうちから地方公共団体がその地方の気候および風土，土地利用の状況等を勘案して条例で指定する時間以上日影となる部分を生じさせないようにしなければならない。ただし，特定行政庁が土地の状況等により周囲の居住環境を害するおそれがないと認めて**建築審査会の同意**を得て許可した場合または当該許可を受けた建築物を周囲の居住環境を害するおそれがないものとして政令で定める位置お

□**Challenge**
日影規制は，近隣商業地域及び商業地域には適用されない。

別表第四　日影による中高層の建築物の制限

(い)	(ろ)	(は)	(に)	
地域または区域	制限を受ける建築物	平均地盤面からの高さ	敷地境界線から5～10mの範囲の日影時間	敷地境界線から10mを超える範囲の日影時間
第1種低層住居専用地域 第2種低層住居専用地域 田園住居地域	軒高7m超または地上3階以上	1.5m	3時間 4時間	2時間 2.5時間
第1種中高層住居専用地域 第2種中高層住居専用地域			5時間	3時間
第1種住居地域 第2種住居地域 準住居地域 近隣商業地域 準工業地域	高さ10m超	4.0mまたは6.5m	4時間 5時間	2.5時間 3時間
用途地域の指定のない区域	軒高7m超または地上3階以上	1.5m	3時間 4時間 5時間	2時間 2.5時間 3時間
	高さ10m超	4.0m		

（注）　1　平均地盤面からの高さとは，建築物が周囲の地面と接する位置の平均の高さにおける水平面からの高さをいう。
　　　　2　日影時間について，北海道では他の地域より0.5～1時間短い時間が決められている。
　　　　3　商業地域と工業地域は，用途上日照の確保は必須条件ではないため，対象外となっている。

よび規模の範囲内において増改築し，もしくは移転する場合においては，この限りでない（56条の2第1項）。

① 第1種・第2種低層住居専用地域または田園住居地域においては，**軒の高さが7mを超える建築物**，または**地階を除く階数が三以上の建築物**

② 第1種・第2種中高層住居専用地域，第1種・第2種住居地域，準住居地域，近隣商業地域または準工業地域においては，**高さが10mを超える建築物**

③ 用途地域の指定のない区域においては，**軒の高さが7mを超える建築物**または**地階を除く階数が三以上の建築物**および**高さが10mを超える建築物**

④ 同一の敷地内に二以上の建築物がある場合には，単独では規制対象とならない規模の建築物であっても，これらの**建築物を一の建築物とみなしてこの制限規定が適用される**（同条2項）。

⑤ 建築物の敷地が道路，川，海などに接する場合，建築物の敷地とこれに接する隣地との高低差が著しい場合などは，政令の定めるところにより，規定の適用が緩和されている（同条3項，令135条の4の2第1項）。

⑥ 対象区域外にある建築物であっても，**高さが10mを超えるもの**で，冬至日において，対象区域内の土地に日影を生じさせるものは，対象区域内にある建築物とみなして建築物の高さが制限される（56条の2第4項）。

⑦ 建築物が，日影時間の制限の異なる区域の内外にわたる場合には，それぞれの区域内に対象建築物があるものとして，また，対象建築物が冬至日において，対象区域のうち当該対象建築物がある区域外の土地に日影を生じさせる場合には，当該対象建築物が日影を生じさせる区域内にあるものとして，それぞれこの規定が適用される（56条の2第5項，令135条の13）。

□**Challenge**

第一種低層住居専用地域内の建築物のうち，地階を除く階数が2以下で，かつ，軒の高さが7m以下のものは，日影による中高層の建築物の高さの制限を受けない。

（○）

⑧　高層住居誘導地区内の建築物については，日影規制（56条の2第4項を除く）は適用されない（57条の5第4項）。

13　高度地区内等における制限

❶高度地区内の制限

　高度地区は，用途地域内において市街地の環境を維持し，または土地利用の増進を図るため建築物の高さの最高限度または最低限度を定める地区である（都市計画法9条18項）。この地区内においては，建築物の高さは，**高度地区に関する都市計画において定められた内容に適合する**ものでなければならない。

　ただし，都市計画において建築物の高さの最高限度が定められた高度地区内においては，再生可能エネルギー源の利用に資する設備の設置のため必要な屋根に関する工事その他の屋外に面する建築物の部分に関する工事を行う建築物で，特定行政庁が市街地の環境を害するおそれがないと認めて許可したものの高さは，その許可の範囲内において，当該最高限度を超えるものとすることができる（58条1項・2項）。

> **POINT**
> 建築物の高さは，高度地区に関する都市計画で定められた内容に適合しなければならない

❷高度利用地区内の制限

　高度利用地区は，用途地域内の市街地における土地の合理的かつ健全な高度利用と都市機能の更新を図るため，容積率の最高限度および最低限度，建蔽率の最高限度，建築物の建築面積の最低限度ならびに壁面の位置の制限を定める地区である（都市計画法9条19項）。

　この地区内においては，容積率および建蔽率ならびに建築物の建築面積は，**高度利用地区に関する都市計画において定められた内容に適合する**ものでなければならない。ただし，次に掲げる事項のいずれかに該当する建築物については，この制限を受けない（59条1項）。

> **POINT**
> 建築物の容積率，建蔽率および建築面積は，高度利用地区に関する都市計画で定められた内容に適合しなければならない

① 主要構造部が**木造，鉄骨造，コンクリートブロック造**その他これらに類する構造であって，**階数が二以下で，かつ，地階を有しない建築物**で，容易に移転し，または除却することができるもの

② **公衆便所，巡査派出所**その他これらに類する建築物で，公益上必要なもの

③ **学校，駅舎，卸売市場**その他これらに類する公益上必要な建築物で，特定行政庁が用途上または構造上やむを得ないと認めて許可したもの

□**Challenge**
高度利用地区内においては，建築物の建築面積は，原則として，高度利用地区に関する都市計画において定められた内容に適合するものでなければならない。

❸敷地内に広い空地を有する建築物の容積率等の特例 ―――

その敷地内に政令で定める空地を有し，かつその敷地面積が政令で定める規模以上である建築物で，特定行政庁が交通上，安全上，防火上および衛生上支障がなく，かつその建蔽率，容積率および各部分の高さについて総合的な配慮がなされていることにより市街地の環境の整備改善に資すると認めて許可したものについては，その容積率および各部分の高さの制限を緩和している（59条の2）。

❹特定街区内の制限 ―――

特定街区は，市街地の整備改善を図るため街区の整備または造成が行われる地区について，その街区内における建築物の容積率ならびに建築物の高さの最高限度および壁面の位置の制限を定められる（都市計画法9条19項）。

特定街区内においては，建築物の容積率および高さは，都市計画において定められた限度以下でなければならない（60条1項）。

❺都市再生特別地区内の制限 ―――

都市再生特別地区は，都市再生緊急整備地域のうち，土地の合理的かつ健全な高度利用を図る特別の用途，容積，高さ，配列等の建築物の建築を誘導する必要があると認められる区域について定められる（都市計画法8条1項4号の2，都市再生特

（○）

別措置法36条1項)。

　都市再生特別地区内においては，建築物の容積率および建蔽率，建築物の建築面積ならびに建築物の高さは，都市計画において定められた内容に適合するものでなければならない（60条の2）。

❻居住環境向上用途誘導地区内の制限

　立地適正化計画に記載された居住誘導区域のうち，当該居住誘導区域にかかる居住環境向上施設（病院，店舗その他の都市の居住者の日常生活に必要な施設）を有する建築物の建築を誘導する必要があると認められる区域については，都市計画に**居住環境向上用途誘導地区**を定めることができる（都市計画法8条1項4号の2，都市再生特別措置法第94条の2第1項）。

　居住環境向上用途誘導地区内においては，建築物の建蔽率は，公益上必要なもの等を除いて，居住環境向上用途誘導地区に関する都市計画において建築物の建蔽率の最高限度が定められたときは，当該最高限度以下でなければならない（60条の2の2第1項）。

❼特定用途誘導地区内の制限

　特定用途誘導地区は，都市再生を図るため，医療施設，福祉施設，商業施設などの都市機能増進施設を誘導するべく都市計画で定められる（都市計画法8条1項4号の2，都市再生特別措置法109条1項）。

　特定用途誘導地区内においては，建築物の容積率および建築物の建築面積は，都市計画において建築物の容積率の最低限度および建築物の建築面積の最低限度が定められたときは，それぞれ，これらの最低限度以上でなければならない（60条の3第1項）。

14 防火地域・準防火地域内等における制限 ⊕R1・R3・R5

都市計画区域については，市街地における火災の危険を防止するため，都市計画に，防火地域または準防火地域を定めることができる（都市計画法8条1項5号，9条21項）。

市街地における火災の延焼被害を抑えることを目的としており，指定された地域では，建築物等の規模や階数等に応じて建替え等（新築，増築，改築または移転）の際，建築物に一定の耐火性能や防火性能が義務付けられる。

❶防火地域・準防火地域内の建築物

防火地域または準防火地域内にある建築物は，その外壁の開口部で延焼のおそれのある部分に防火戸その他の**防火設備**を設け，かつ，壁，柱，床その他の建築物の部分および当該防火設備を通常の火災による周囲への延焼を防止するために，これらに必要とされる性能に関して防火地域および準防火地域の別ならびに建築物の規模に応じて政令で定める技術的基準に適合するもので，国土交通大臣が定めた構造方法を用いるもの等とし

防火地域または準防火地域の構造制限の概要（61～66条，令136条の2・136条の2の2）

種　別	防火地域 駅前などの商業・業務施設が建ち並び多くの人が集まる地域等において指定する。		準防火地域（階数算定には地階を除く） 駅前の周辺地域など住宅等が分布している地域等において指定する。		
延べ面積 階数	100㎡以下	100㎡超	500㎡以下	500㎡超 1,500㎡以下	1,500㎡超
4階以上	耐火建築物等				耐火建築物等
3　階			耐火建築物， 準耐火建築物等		
2階以下	耐火建築物等， 準耐火建築物		一定の木造建築物も建築可^注		

（注）木造2階建ての戸建住宅は，延焼のおそれのある開口部および軒裏に法定の防火措置が必要。

なければならない。

　防火地域内においては，建替え等の際，2階建て以下かつ延べ面積が100㎡以下の建築物は，原則として耐火建築物（耐火建築物と同等以上に延焼防止に関する性能を有する建築物を含む。以下「耐火建築物等」という），または準耐火建築物にしなければならない。また，その他の建築物は耐火建築物等にしなければならない。

　準防火地域内においては，建替え等の際，規模に応じて耐火建築物または準耐火建築物（準耐火建築物と同等以上に延焼防止に関する性能を有する建築物を含む。以下「準耐火建築物等」という）にするほか，2階建て以下かつ延べ面積が500㎡以下の小規模な建築物等についても，防火措置を施した構造とする。

　ただし，門または塀で，高さ2m以下のものまたは準防火地域内にある建築物（木造建築物等を除く）に附属するものについては，この限りでない（61条，令136条の2）。

❷屋　　根

　防火地域または準防火地域内の建築物の屋根の構造は，市街地における火災を想定した火の粉による建築物の火災の発生を防止するために屋根に必要とされる性能に関して，建築物の構造および用途の区分に応じて一定の技術的基準に適合するものとしなければならない（62条）。

❸隣地境界線に接する外壁

　防火地域または準防火地域内にある建築物で，外壁が耐火構造のものについては，その外壁を隣地境界線に接して設けることができる（63条）。

❹看板等の防火措置

　防火地域内にある看板，広告塔，装飾塔その他これらに類する工作物で，建築物の屋上に設けるものまたは高さ3mを超えるものは，その主要な部分を不燃材料で造り，または覆わな

けれべならない（64条）。

❺建築物が防火地域・準防火地域の内外にわたる場合の措置 ―

　建築物が防火地域または準防火地域とこれらの地域として指定されていない区域にわたる場合は，その全部についてそれぞれ**防火地域または準防火地域内の建築物に関する規定を適用する**。ただし，建築物が防火地域または準防火地域外において**防火壁によって区画**されている場合には，その防火壁外の部分については上記の適用が除外される（65条1項）。

　建築物が防火地域および準防火地域にわたる場合は，その全部について**防火地域内の建築物に関する規定**を適用する。ただし，建築物が防火地域外において**防火壁で区画**されている場合には，その防火壁外の部分については，準防火地域内の建築物に関する規定を適用する（同条2項）。

❻特定防災街区整備地区内の制限 ―

　市町村は，防火地域または準防火地域内の密集市街地およびその周辺の密集市街地における防災機能の確保を目的として，都市計画で**特定防災街区整備地区**を定めることができる（密集市街地における防災街区の整備の促進に関する法律31条）。特定防災街区整備地区内にある建築物は，耐火建築物等または準耐火建築物等としなければならない（67条）。

15 地区計画等の区域内における規制

　市町村は，地区計画等の区域（地区整備計画等が定められる区域に限る）内において，建築物の敷地，構造，建築設備または用途に関する事項で，当該地区計画等の内容として定められたものを，**条例でこれらに関する制限**として定めることができる（68条の2第1項）。

　条例において建築物の敷地面積に関する制限を定める場合には，その基準に適合していない現存建築物については，条例制

定後，増改築等がきわめて困難となり，ひいては土地の利用上支障が生ずるおそれがある。そこで，条例の規定の施行または適用の際，現に建築物の敷地として使用されている土地で当該条例の規定に適合しないもの，または現に存する所有権その他の権利に基づいて建築物の敷地として使用するならば当該条例の規定に適合しないこととなる土地については，**当該制限を適用除外とする旨**を条例中に規定することができる（同条3項）。

また，市町村は，用途地域における用途の制限を補完し，当該地区計画等（集落地区計画を除く）の区域の特性にふさわしい土地利用の増進等の目的を達成するため必要と認める場合には，**国土交通大臣の承認を得て**，条例で**用途地域の制限を緩和**することができる（同条5項）。

□**Challenge**
市町村は，地区計画の地区整備計画が定められている区域内において，条例で，建築基準法第48条の建築物の用途制限を強化するまたは緩和することができる。

16 都市計画区域および準都市計画区域以外の区域内における制限

都市計画区域および準都市計画区域以外の区域内であっても，都道府県知事が関係市町村の意見を聴いて指定する区域内においては，地方公共団体は，当該区域内における土地利用状況等を考慮し，適正かつ合理的な土地利用を図るため必要と認めるときは，条例で，建築物またはその敷地と道路との関係，容積率，建築物の高さその他の建築物の敷地または構造に関して**必要な制限**を定めることができる（68条の9第1項）。

17 建築協定

❶建築協定の意義および目的

建築協定とは，土地の所有者および建物の所有を目的とする地上権者または賃借権者が，当該権利の目的となっている土地の区域について，建築に関する基準を合意することをいう。

協定の目的は，自主的な権利制限の合意により，住宅地とし

POINT
市町村の条例で，建築協定を締結できる旨の定めがなければならない

（○）

ての環境または商店街としての利便を高度に維持増進するなど
建物の利用を増進し，かつ，土地の環境を改善することにある
（69条）。

❷成立条件

建築協定が成立するためには，次の**要件**を充足しなければな
らない。

① 　市町村の条例で，一定の区域について**協定を締結できる
旨の定め**がなければならない（69条）。

② 　協定を締結しうる者は，土地の所有者ならびに建物の所
有を目的とする借地権者である。また，土地区画整理事業
において，仮換地として指定された土地にあっては，当該
土地に対応する**従前の土地の所有者および借地権者**も協定
を締結することができる（69条）。

　また，借家人が家屋の所有者に無断で協定違反行為をす
る場合も考えられるので，**借家人も土地所有者等とみなさ
れる**（法第77条）。したがって，借家人は協定締結権者で
はないが，協定の効力の適用を受けることになる。

③ 　協定を締結しようとする者は，次の**協定事項**を定めなけ
ればならない（70条1項）。

(1) 　協定の目的となっている土地の区域（建築協定区域）

(2) 　建築物に関する基準

(3) 　協定の有効期間

(4) 　協定違反があった場合の措置

　なお，建築協定書には，上記の協定事項のほか，建築協
定区域に隣接した土地であって，建築協定区域の一部とす
ることにより建築物の利用の増進および土地の環境の改善
に資するものとして建築協定区域の土地となることを当該
建築協定区域内の土地の所有者等が希望するもの（**建築協
定区域隣接地**）を定めることができる（同条2項）。

④ 　協定を締結するためには，建築協定区域内の土地の所有

□**Challenge**
建築協定の目的と
なっている建築物に
関する基準が建築物
の借主の権限に係る
場合においては，そ
の建築協定について
は，当該建築物の借
主は，土地の所有者
等とみなす。

（○）

者等の全員の合意が必要である。ただし，借地権の目的と
なっている土地については，借地権者の合意だけで足り，
必ずしも土地所有者の合意は必要としない（同条3項）。

❸締結の手続

建築協定を締結しようとする土地の所有者等は，前記の協定
事項を記載した**建築協定書**を作成し，その代表者が**特定行政庁**
に提出し，その**認可を受けなければならない**（70条1項）。

市町村長は，この協定書の提出があった場合には，遅滞なく
その旨を公告し，**20日以上の相当の期間**を定めてこれを関係人
の縦覧に供するとともに，縦覧期間の満了後は，関係人の出頭を
求めて公開による聴聞を行わなければならない（71条，72条）。

特定行政庁は，その建築協定がその目的となっている土地ま
たは建物の利用を不当に制限するものではなく，かつ，制度の
目的に合致するものであると認めるときは，その**協定を認可**し，
かつ，その旨を**公告**しなければならない（73条）。

❹建築協定の効力

建築協定は，特定行政庁の**認可の公告のあった日以後**にその
効力を発生する。この効力は，協定を締結した者全員と関係借
家人のほか，公告のあった日以後に建築協定区域の土地の所有
者等となった者に対しても，その効力が及ぶ。ただし，借地権
の目的となっていた土地で，借地権者のみが合意し，その土地
の所有者の合意がなかったものについては，この土地の所有権
を承継した者に対しては，その効力は及ばない（75条）。

❺建築協定の変更および廃止

特定行政庁の認可を受けた建築協定について，建築協定区域，
建築物に関する基準，有効期間または協定違反があった場合の
措置を**変更**しようとするときは，その区域内の土地所有者等の
全員の合意が必要である。また，この変更は，特定行政庁に申
請してその認可を受けなければならない（74条）。

建築協定を**廃止**しようとするときは，その区域内の土地所有

POINT

建築協定書を作成
し，これを特定行政
庁に提出してその認
可を受けなければな
らない

POINT

認可の公告のあった
日以後に，当該建築
協定区域内の土地の
所有者，地上権者ま
たは賃借権者となっ
た者に対しても，効
力が及ぶ

（○）

者等の過半数の合意を得て，これを特定行政庁に申請してその
認可を受けなければならない（76条）。

❻建築協定の設定の特則 ─────────────

　借地権の目的となっていない**土地の所有者**（たとえば，宅地
の分譲業者）は，１人で，その土地の区域を建築協定区域とす
る建築協定を定める（たとえば，宅地の分譲前に建築協定を定
める）ことができる。この場合には，建築協定区域などを定め
た建築協定書を作成し，これを特定行政庁に提出して，その認
可を受けなければならない（76条の３第１項，２項）。

3 国土利用計画法等

1 土地に関する権利移転等の許可 ↔R5

❶規制区域の指定

　都道府県知事は，5年以内の期間を定めて，次に掲げる区域を規制区域として指定することができる（12条1項）。

① **都市計画区域内**……その全部または一部の区域で土地の投機的取引が相当範囲にわたり集中して行われ，または行われるおそれがあり，および**地価が急激に上昇し，または上昇するおそれがある**と認められるもの

② **都市計画区域以外の区域**……上記①の事態が生ずると認められる場合において，その事態を緊急に除去しなければ適正かつ合理的な土地利用の確保が著しく困難となると認められる区域

❷権利移転等の許可

　規制区域内に所在する土地について，「**土地売買等の契約**」を締結しようとする場合には，土地の面積の大小を問わず，当事者は，**都道府県知事の許可**を受けなければならない（14条1項）。この場合の「**土地売買等の契約**」とは，①土地に関する所有権，地上権，賃借権およびこれらの権利の取得を目的とする権利の移転または設定であること，②土地に関する権利の移転または設定が対価を得て行われるものであること，③土地に関する権利の移転または設定が契約（予約を含む）によって行われるものであることの，**3つの要件**をすべて満たすものでなければならない。

　以上の要件等をまとめると，次頁の表のようになる。

　また，都道府県知事の許可があった後において，**予定対価の額を増額**して契約を締結しようとするとき，または**土地の利用**

POINT
規制区域内のすべての土地取引には，都道府県知事の許可が必要である

112

事後届出・事前届出（まとめ）

	事後届出制	注視区域 （事前届出制）	監視区域 （事前届出制）
区域指定要件	なし （規制区域・注視区域・監視区域以外の地域）	・地価の社会的経済的に相当な程度を越えた上昇またはそのおそれ ・適正かつ合理的な土地利用の確保に支障を生ずるおそれ	・地価の急激な上昇またはそのおそれ ・適正かつ合理的な土地利用の確保が困難となるおそれ
届出対象面積	市街化区域 その他の都市計画区域 都市計画区域外	2,000m²以上 5,000m²以上 10,000m²以上	都道府県知事等が規則で定める面積 （左の面積未満）以上
届出時期	契約締結後	契約締結前	
勧告要件・許可基準	利用目的のみ ・公表された土地利用計画に適合しないこと等	価格および利用目的 ・届出時の相当な価額に照らし著しく適正を欠くこと ・土地利用計画に適合しないこと等	価格および利用目的 ・届出時の相当な価額に照らし著しく適正を欠くこと ・土地利用計画に適合しないこと等 ・投機的取引に当たること
勧告内容	利用目的の変更	契約締結中止など	同左

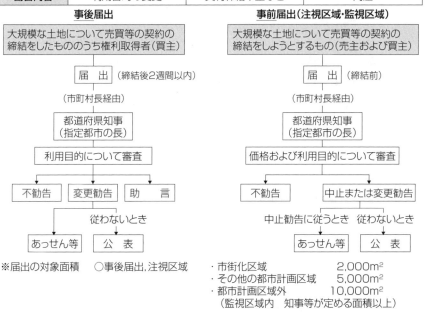

事後届出

大規模な土地について売買等の契約の締結をしたもののうち権利取得者（買主）

届　出　（締結後2週間以内）

（市町村長経由）

都道府県知事（指定都市の長）

利用目的について審査

不勧告　｜　変更勧告　｜　助　言

従わないとき

あっせん等　｜　公　表

事前届出（注視区域・監視区域）

大規模な土地について売買等の契約の締結をしようとするもの（売主および買主）

届　出　（締結前）

（市町村長経由）

都道府県知事（指定都市の長）

価格および利用目的について審査

不勧告　｜　中止または変更勧告

中止勧告に従うとき　従わないとき

あっせん等　｜　公　表

※届出の対象面積　○事後届出，注視区域
・市街化区域　　　　　　　2,000m²
・その他の都市計画区域　　5,000m²
・都市計画区域外　　　　　10,000m²
（監視区域内　知事等が定める面積以上）

○監視区域　　　　・知事等が定める面積以上

出典：国土交通省

土地売買等の契約

要　件	該当する事例	該当しない事例
①土地に関する権利（所有権，地上権，賃借権）の移転，設定であること	売買契約，売買予約，譲渡担保，代物弁済，代物弁済予約，交換，形成権（予約完結権，買戻権等）の譲渡	（土地に関する権利でないもの）地役権，永小作権，使用貸借権，抵当権，質権
②土地に関する権利の移転，設定が，対価を得て行われること		（対価のないもの）贈与，相続，法人の合併，信託の引受けおよび終了（合意解除）
③契約（予約を含む）であること		（契約でないもの）形成権（予約完結権，買戻権等）の行使，時効，土地収用，遺贈・遺産の分割

POINT
贈与，相続，法人の合併による土地の取得は，規制の対象外である

目的を変更して契約を締結しようとするときは，改めて許可を受けなければならない（同条1項後段）。

　都道府県知事の許可を受けないで締結した契約は，その効力を生じない（同条3項）。

2 土地に関する権利移転等の届出（事後届出）

⇔R1・R2・R3・R4・R5

❶権利移転・利用目的等の届出

　規制区域等以外の区域において，土地売買等の契約を締結した場合には，当事者のうち当該土地売買等の契約により，土地に関する権利の移転または設定を受けることとなる者（権利取得者）は，その契約を締結した日から起算して2週間以内に，土地売買等の契約の当事者，契約を締結した年月日，その土地の利用目的，対価の額（対価が金銭以外のものであるときは，これを時価を基準として金銭に見積った額）などを土地所在の市町村長を経由して，都道府県知事に届け出なければならない（23条1項）。

POINT
全国にわたる大規模な土地取引については，権利取得者は，一定の事項を事後に都道府県知事に届け出なければならない

　この規定に違反して届出をしなかった場合には，6月以下の懲役または100万円以下の罰金に処せられる（47条1号）が，届出をしなくても土地売買等の契約の効力には影響がない。

❷届出の適用除外等 ─────────────

● 面積による届出の適用除外

次に掲げる区域に所在する土地で，その面積が一定規模未満の場合には，上記の届出は必要としない。ただし，権利取得者が当該土地を含む**一団の土地**で，次に掲げる面積以上のものを契約した場合に，届出をしなければならない（23条2項1号）。

ここでいう「一団の土地」とは，土地利用上，現に一体の土地を構成しており，または一体としての利用に供することが可能なひとまとまりの土地で，かつ，当事者の一方または双方が，一連の計画のもとに，土地に関する権利の移転または設定を行おうとするその土地が**法所定の面積以上**であるものをいうと解されている。

① 市街化区域にあっては，2,000㎡以上

② 市街化区域以外の都市計画区域にあっては，5,000㎡以上

③ 都市計画区域以外の区域（①および②以外の区域）にあっては，10,000㎡以上

● 区域による届出の適用除外

規制区域，注視区域または監視区域に所在する土地について，土地売買等の契約を締結した場合には，事後届出の必要はない（同条2項2号）。

● その他の届出の適用除外

上記のほか，次に掲げる場合には，届出の必要はない（同条2項3号，令17条1号）。

① 民事調停法による調停に基づく場合

② 当事者の一方または双方が国，地方公共団体（都道府県・市町村等）である場合

③ 民事訴訟法による和解である場合

④ 農地法3条1項の許可を受ける必要がある場合

⑤ 滞納処分，強制執行，担保権の実行としての競売等によ

□**Challenge**
甲県が所有する都市計画区域外に所在する面積12,000㎡の土地について，10,000㎡をAに，2,000㎡をBに売却する契約を甲県がそれぞれA，Bと締結した場合，AとBのいずれも国土利用計画法第23条の事後届出を行う必要はない。

POINT
個々の土地ではなく，土地の全体面積により届出の要・不要が判定される

（○）

り換価する場合

⑥　その他，非常災害に際し必要な応急措置を講ずるために
行われる場合など

❸土地の利用目的に関する勧告・助言

　都道府県知事は，土地売買等の契約を締結した場合の届出が
あったときは，その届出にかかる**土地の利用目的に従った土地
利用**が土地利用基本計画などに適合せず，当該土地を含む周辺
の地域の適正かつ合理的な土地利用を図るため著しい支障があ
ると認めるときは，**土地利用審査会**の意見を聴いて，その届出
をした者に対し，その届出にかかる土地の利用について，届出
があった日から起算して3週間以内に必要な変更をすべきこと
を勧告することができる（24条1項，2項）。この場合，勧告
を受けた者がその勧告に従わないときは，都道府県知事は，そ
の旨およびその勧告の内容を**公表**することができる（26条）。

　また，都道府県知事は，勧告に基づき当該土地の利用目的が
変更された場合において，必要があると認めるときは，当該土
地に関する**権利の処分**についてのあっせんその他の措置を講ず
るよう努めなければならない（27条）。

　なお，都道府県知事は，法23条1項の規定による土地に関す
る権利の移転等の届出があった場合において，その届出をした
者に対し，当該土地を含む周辺の地域の適正かつ合理的な土地
利用を図るために必要な**助言**をすることができる（27条の2）。
この助言は，勧告を受けた場合と異なり，その旨が公表される
ことはない。

POINT
土地の利用目的の勧
告は，土地利用審査
会の意見を聴いて，
届出後3週間以内に
しなければならない

□Challenge
国土利用計画法第23
条の届出にかかる土
地の利用目的につい
て，都道府県知事が
当該土地を含む周辺
の地域の適正かつ合
理的な土地利用を図
るために必要な勧告
をした場合におい
て，届出をした者が
その勧告に従わな
かったときは，その
旨を公表される。

3　遊休土地に関する措置

　都道府県知事は，事後届出等にかかる土地を所有している者
のその所有にかかる土地が，一定の面積以上で土地の取得後2
年以上経過しており，事業その他の用途に供されていないこと

（○）

等の要件に該当すると認めるときは，当該土地の所有者に当該
土地が**遊休土地**である旨を通知するものとされている(28条)。

　この通知を受けた者は，その通知があつた日から起算して6
週間以内に，その通知にかかる遊休土地の利用または処分に関
する計画を，当該土地が所在する市町村の長を経由して，都道
府県知事に届け出なければならない（29条）。

4　注視区域（事前届出）

●注視区域の指定

　都道府県知事は，地価が一定の期間内に社会的経済的事情の
変動に照らして**相当な程度を超えて上昇し，または上昇するお
それがあるもの**として国土交通大臣が定める基準（当該地域の
1年間の地価上昇率が5％を超えていることなど）に該当し，
これによって適正かつ合理的な土地利用の確保に支障を生ずる
おそれがあると認められる区域を，期間を定めて，**注視区域と
して指定**することができる。この指定は，規制区域または監視
区域として指定された区域は除かれる（27条の3第1項）。

●注視区域における権利移転等の届出

　注視区域に所在する土地について，土地売買等の契約を**締結
しようとする場合**には，当事者は，その氏名または名称，土地
の所在および面積，土地の予定対価の額，権利の取得後におけ
る土地の利用目的等の事項を，当該土地が所在する市町村長を
経由して，あらかじめ，都道府県知事に届け出なければならな
い。また，**予定対価の額を増額**変更する場合または土地の**利用
目的を変更**する場合も届出が必要である（27条の4第1項）。

　この届出は，法23条2項（土地に関する権利の移転または設
定後における利用目的等の届出の適用除外）の規定に該当する
場合には，適用されない（同条2項）。すなわち，市街化区域
内では2,000㎡未満，市街化区域以外の都市計画区域内では

5,000㎡未満，その他の区域内では10,000㎡未満の場合には，届出をする必要はない。

　なお，この規定に違反して，土地売買等の契約を締結した者は，50万円以下の罰金に処せられる（48条）。

❸都道府県知事の勧告 ─────────────────

　都道府県知事は，土地に関する権利の移転などの事前届出があった場合において，その届出事項が次のいずれかに該当し，適正かつ合理的な土地利用を図るため著しく支障があると認めるときは，**土地利用審査会**の意見を聴いて，届出のあった日から起算して6週間以内に，土地売買等の契約締結の中止その他その届出にかかる事項について**必要な措置を講ずべきことを勧告**することができる（27条の5第1項，2項）。

POINT
都道府県知事の勧告は，届出後6週間以内にしなければならない

①　**予定対価の額**が，近傍類地の取引価格等を考慮して算定した価額または公示価格を規準として算定した価額に照らし，著しく適正を欠くこと。

②　当該土地の**利用目的**が，土地利用基本計画その他の土地利用に関する計画に適合しないこと。

③　当該土地の**利用目的**が，道路，水道その他の公共施設もしくは学校その他の公益的施設の整備の予定からみて，または周辺の自然環境の保全上，明らかに不適合なものであること。

5 監視区域（事前届出）

❶監視区域の指定 ─────────────────

　都道府県知事は，当該都道府県の区域のうち，地価が急激に上昇し，または上昇するおそれがあり，これによって適正かつ合理的な土地利用の確保が困難となるおそれがあると認められる区域（規制区域に指定された区域は除く）を，**5年以内の期間**を定めて，**監視区域**として指定することができる（27条の6

POINT
都道府県知事が5年以内の期間で指定する

第1項)。

❷監視区域における権利移転等の届出

監視区域に所在する土地について，土地売買等の契約を締結しようとする場合には，契約締結の当事者は，あらかじめ，当該土地が所在する市町村長を経由して，予定対価の額，土地の利用目的等を都道府県知事に届け出なければならない。

この場合，都道府県知事は，監視区域の指定と同時に，法27条の4第2項に規定する「市街化区域2,000㎡，市街化区域を除く都市計画区域5,000㎡，都市計画区域以外の区域10,000㎡」という法律で定める**面積基準に満たない範囲内**で，都道府県知事が都道府県の規則で**届出対象面積を引き下げる**ことになる。

❸勧 告 等

●勧 告 等

都道府県知事は，監視区域に所在する土地について権利の移転等の届出があった場合において，その届出事項が次に掲げる要件のいずれかに該当すると認めるときは，土地利用審査会の意見を聴いて，その届出をした者に対し，当該**土地売買等の契約の締結を中止すべきこと**その他その届出にかかる事項について，**必要な措置を講ずべきことを勧告**することができる（27条の8第1項）。

① その届出にかかる事項が，売買等の予定対価の額について著しく適正を欠くこと，当該土地の利用目的が土地利用に関する計画に適合しないことなどに該当し，当該土地を含む周辺地域の適正かつ**合理的な土地利用**を図るために著しい支障があること。

② その届出が土地に関する権利の移転をする契約の締結である場合には，一定の要件に該当し，当該土地を含む周辺地域の**適正な地価の形成**を図るうえで著しい支障を及ぼすおそれがあること。

6 重要土地等調査法

⊕R5

重要土地等調査法（正式名称は「重要施設周辺及び国境離島等における土地等の利用状況の調査及び利用の規制等に関する法律」）は，重要施設の周辺の区域内および国境離島等の区域内にある土地等が重要施設または国境離島等の機能を阻害する行為の用に供されることを防止するため，基本方針の策定，注視区域および特別注視区域の指定，注視区域内にある土地等の利用状況の調査，当該土地等の利用の規制，特別注視区域内にある土地等にかかる契約の届出等の措置について定めることを目的としている。

❶注視区域・特別注視区域の指定

内閣総理大臣は，重要施設（防衛関係施設等）の周囲おおむね1,000mの区域内および国境離島等の区域内の区域で，その区域内にある土地等（土地及び建物）が機能阻害行為（重要施設や国境離島等の機能を阻害する行為）の用に供されることを特に防止する必要があるものを，**注視区域**として指定することができる（5条1項）。

また，重要施設や国境離島等の機能が特に重要，またはその機能を阻害することが容易で，他の重要施設や国境離島等によるその機能の代替が困難である場合は，注視区域を**特別注視区域**として指定することができる（12条1項）。

❷届出制度

特別注視区域内にある一定面積以上の土地等売買等契約を締結する場合には，**契約の当事者**（売主・買主の双方）は，あらかじめ法令に定められた一定の事項を**内閣総理大臣に届け出**なければならない。届出の対象となるのは，特別注視区域内にある土地等であって，その面積（建物にあっては各階の床面積の合計）が**200㎡以上**のものである（法13条1項，令4条）。

届出の対象となる権利は所有権等で，地上権，永小作権，地

□**Challenge**
重要土地等調査法の規定による特別注視区域内にある100㎡の規模の土地に関する所有権又はその取得を目的とする権利の移転をする契約を締結する場合には，当事者は，一定の事項を，あらかじめ，内閣総理大臣に届け出なければならない。

（×）

120

役権，先取特権，不動産質権，抵当権，賃借権等の移転等については，届出の対象とはならない。

7 その他の法令に基づく制限

法　律	区域等	許可・届出
都市緑地法	緑地保全地域（8条）	都道府県知事への届出
	特別緑地保全地区（14条）	都道府県知事の許可
景観法	景観計画区域（16条）	景観行政団体の長への届出
自然公園法	特別地域（20条）	国立公園は環境大臣の，国定公園は都道府県知事の許可
	特別保護地区（21条）	
水防法	浸水被害軽減地区（15条の8）	水防管理者への届出
河川法	河川区域（26条，27条他）	河川管理者の許可
	河川保全区域（55条）	
特定都市河川浸水被害対策法	貯留機能保全区域（55条）	都道府県知事等への届出
	浸水被害防止区域（57条他）	都道府県知事の許可
海岸法	海岸保全区域（8条）	海岸管理者の許可
津波防災地域づくりに関する法律	津波防護施設区域（23条）	津波防護施設管理者の許可
地すべり等防止法	地すべり防止区域（18条）	都道府県知事の許可
急傾斜地の崩壊による災害の防止に関する法律	急傾斜地崩壊危険区域（7条）	都道府県知事の許可
土砂災害警戒区域等における土砂災害防止対策の推進に関する法律	特別警戒区域（10条）	都道府県知事の許可
森林法	地域森林計画の対象区域（10条の2）	都道府県知事の許可
	保安林（34条）	
道路法	道路予定区域（91条）	道路管理者の許可
土壌汚染対策法	形質変更時要届出区域（12条）	都道府県知事への届出

（宅地建物取引業法施行令3条参照）

4 宅地造成及び特定盛土等規制法

1 用語の定義，基本方針および基礎調査

　宅地造成及び特定盛土等規制法は，宅地造成，特定盛土等または土石の堆積に伴う崖崩れ，土砂の流出による災害の防止のため必要な規制を行うことを目的としている。

POINT

この法律は，令和5年5月26日から施行された

❶用語の定義

● 宅　地

　農地等（農地，採草放牧地および森林）ならびに道路，公園，河川その他公共施設用地（砂防設備，地すべり防止施設等）以外の土地をいう（2条1号）。

● 宅地造成・特定盛土等

　宅地造成とは，宅地以外の土地を宅地にするために行う盛土その他の土地の形質の変更で次に掲げるもの（宅地を宅地以外の土地にするために行うものを除く）をいう。

　また，**特定盛土等**とは，宅地または農地等において行う盛土その他の土地の形質の変更で，当該宅地または農地等に隣接し，または近接する宅地において災害を発生させるおそれが大きいもので次に掲げるものをいう（同条2号・3号，令3条）。

　①　**盛土**……高さ1mを超える崖を生ずることとなるもの

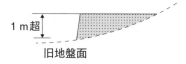

　②　**切土**……高さ2mを超える崖を生ずることとなるもの

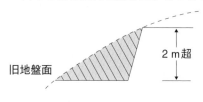

POINT

崖とは，地表面が水平面に対し30度を超える角度をなす土地で硬岩盤以外のものをいう（令1条1項）

③　切土と盛土とを同時にする場合における盛土……高さ2
m を超える崖を生ずることとなるもの

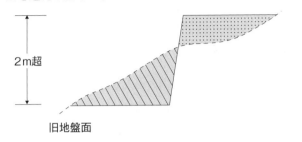

2m超

旧地盤面

④　上記①または③に該当しない盛土……高さ2 m を超える
もの

⑤　上記①〜④のいずれにも該当しない盛土または切土……
面積500㎡を超えるもの

● 土石の堆積

宅地または農地等において行う土石の堆積で次に掲げるもの
（一定期間の経過後に当該土石を除却するものに限る）をいう
（2条4号，令4条）。

①　高さ2 m を超える土石の堆積

②　①に該当しない土石の堆積……面積500㎡を超えるもの

● 工事主

宅地造成，特定盛土等もしくは土石の堆積に関する工事の請
負契約の注文者または請負契約によらないで自らその工事をす
る者をいう（2条7号）。

❷基本方針・基礎調査

主務大臣（国土交通大臣・農林水産大臣）は，宅地造成，特
定盛土等または土石の堆積に伴う災害の防止に関する基本的な
方針（基本方針）を定めなければならない（3条1項）。

都道府県(指定都市または中核市の区域内の土地については，
それぞれ指定都市または中核市。以下同じ)は，基本方針に基
づき，おおむね5年ごとに，宅地造成，特定盛土等または土石
の堆積に伴う崖崩れまたは土砂の流出のおそれがある土地に関

□Challenge
宅地造成工事規制区
域内において，宅地
以外の土地を宅地に
するための盛土であ
って当該盛土を行う
土地の面積が1,000
㎡であり，かつ，高
さが80cmの崖を生ず
ることとなる土地の
形質の変更は，宅地
造成に該当する。

（○）

する地形，地質の状況その他の事項に関する調査（**基礎調査**）を行うものとする（4条）。

2 宅地造成等工事規制区域内における規制

↩R1・R2・R3・R4・R5

都道府県知事等（指定都市又は中核市の区域内の土地については，それぞれ指定都市または中核市の長。以下同じ）は，宅地造成，特定盛土等または土石の堆積（宅地造成等）に伴い災害が生ずるおそれが大きい市街地もしくは市街地となろうとする土地の区域または集落の区域（これらの区域に隣接し，または近接する土地の区域を含む）であって，宅地造成等に関する工事について規制を行う必要があるものを，宅地造成等工事規制区域として指定することができる（10条）。

❶宅地造成等に関する工事の許可

宅地造成等工事規制区域内において行われる宅地造成等に関する工事については，工事主は，原則として，当該工事に着手する前に，都道府県知事の許可を受けなければならない（12条1項）。

工事主は，許可の申請をするときは，あらかじめ，工事の施行にかかる土地の周辺地域の住民に対し，説明会の開催等の工事の内容を周知させるため必要な措置を講じなければならない（11条）。

都道府県知事は，工事をしようとする土地の区域内の土地について所有者等のすべての同意を得ていなければ，許可をしてはならない（12条2項）。また，都道府県知事は，許可に，工事の施行に伴う災害を防止するため必要な条件を付することができる（同条3項）。

❷許可証の交付または不許可の通知と変更の許可等

都道府県知事は，宅地造成等に関する工事の許可申請があった場合には，遅滞なく，**許可または不許可の処分**をしなければ

POINT
宅地造成等に関する工事については，工事主が都道府県知事の許可を受けなければならない

ならず，許可の処分をしたときは許可証を交付し，不許可の処
分をしたときは文書をもってその旨を通知しなければならない
（14条）。

　宅地造成等に関する工事の許可を受けた者は，当該許可にか
かる工事の**計画の変更**をしようとするときは，**都道府県知事の
許可を受けなければならない。**

　ただし，**軽微な変更**（造成主，設計者または工事施行者の変
更，工事の着手予定年月日または完了予定年月日の変更）をし
ようとするときはこの限りではないが，変更後遅滞なく，その
旨を**都道府県知事に届け出る必要がある**（16条1項・2項，則
38条）。

❸完了検査等

　宅地造成または特定盛土等に関する工事の許可を受けた者
は，当該許可にかかる工事が完了したときは，**都道府県知事の
検査**を申請しなければならない（17条1項）。

　土石の堆積に関する工事について宅地造成等に関する工事の
許可を受けた者は，当該許可にかかる工事（堆積したすべての
土石を除却するものに限る）を完了したときは，工事が完了し
た日から4日以内に，**都道府県知事の確認**を申請しなければな
らない（同条4項，則39条）。

❹中間検査

　宅地造成等に関する工事の許可を受けた者は，当該許可にか
かる宅地造成または特定盛土等（122・123頁①〜⑤に掲げる規模
のものに限る）に関する工事が，盛土をする前の地盤面または
切土をした後の地盤面に排水施設を設置する工事の工程（**特定
工程**）を含む場合において，当該特定工程にかかる工事を終え
たときは，その都度，工事を終えた日から4日以内に，都道府
県知事の検査を申請しなければならない（18条1項，令23条）。

❺監督処分

　①　都道府県知事は，偽りその他不正な手段により宅地造成

等に関する工事の許可もしくは変更の許可を受けた者またはその許可に付した条件に違反した者に対して，その許可を取り消すことができる（20条1項）。

②　都道府県知事は，宅地造成等工事規制区域内において，許可を受けないで施行する宅地造成等に関する工事等については，当該工事主等に対して，当該工事の**施行の停止**を命じ，または相当の猶予期限を付けて，擁壁等の設置その他の**災害防止措置**をとることを命ずることができる（同条2項）。

③　都道府県知事は，宅地造成等工事規制区域内において，工事の許可または変更の許可を受けないで宅地造成等に関する工事が施行された土地等については，土地所有者等に対して，当該土地の使用を**禁止**し，もしくは**制限**し，または相当の猶予期限を付けて，**災害防止措置**をとることを命ずることができる（同条3項）。

POINT 都道府県知事は，工事主等に対し，工事の施行停止または災害防止措置をとることを命ずることができる

❻**工事等の届出** ────────────

宅地造成等工事規制区域の指定の際，当該宅地造成等工事規制区域内において行われている宅地造成等に関する工事の工事主は，その指定があった日から**21日以内**に，当該工事について**都道府県知事に届け出**なければならない（21条1項）。

❼**土地の保全等** ────────────

宅地造成等工事規制区域内の土地の所有者，管理者または占有者は，宅地造成等（宅地造成等工事規制区域の指定前に行われたものを含む）に伴う災害が生じないよう，その土地を常時安全な状態に維持するように努めなければならない。また，都道府県知事は，土地の所有者，管理者，占有者，工事主または工事施行者に対し，擁壁等の設置，改造その他の防災措置をとるよう**勧告**することができる（22条）。

❽**改善命令** ────────────

都道府県知事は，宅地造成等工事規制区域内の土地で，宅地

造成もしくは特定盛土等に伴う災害防止のため，必要な擁壁等が設置されておらず，もしくは極めて不完全であり，または土石の堆積に伴う災害の防止のため必要な措置がとられておらず，もしくは極めて不十分であるために，これを放置すると宅地造成等に伴う災害の発生のおそれが大きいと認められるときは，その土地所有者等に対して，相当の猶予期限を付けて，擁壁等の設置・改造，地形・盛土の改良または土石の除却のための工事を行うことを命ずることができる。また，土地所有者等以外の第三者が，災害発生のおそれのある原因となる行為をしたときは，その行為をした者に対しても**改善命令**を出すことができる（23条）。

3 特定盛土等規制区域内における規制

都道府県知事等は，宅地造成等工事規制区域以外の土地の区域であって，土地の傾斜度，渓流の位置その他の自然的条件及び周辺地域における土地利用の状況その他の社会的条件からみて，当該区域内の土地において特定盛土等または土石の堆積が行われた場合には，これに伴う災害により市街地等区域その他の区域の居住者等の生命または身体に危害を生ずるおそれが特に大きいと認められる区域を，特定盛土等規制区域として指定することができる（26条）。

POINT
規制区域は，宅地，農地，森林等の用途にかかわらず，指定される

❶工事の届出等 ─────────

特定盛土等規制区域内において行われる特定盛土等または土石の堆積に関する工事については，災害の発生のおそれがないと認められるものを除いて，工事主は，**当該工事に着手する日の30日前までに**，当該工事の計画を都道府県知事に届け出なければならない（27条1項）。

都道府県知事は，特定盛土等または土石の堆積に関する工事の届出があった場合において，当該届出にかかる工事の計画に

ついて当該特定盛土等または土石の堆積に伴う災害の防止のため必要があると認めるときは，当該届出を受理した日から**30日以内**に限り，当該届出をした者に対し，当該工事の計画の変更その他必要な措置をとるべきことを勧告することができる（同条3項）。

　また，特定盛土等規制区域の指定の際，当該特定盛土等規制区域内において行われている特定盛土等または土石の堆積に関する工事の工事主は，その指定があつた日から**21日以内**に，当該工事について都道府県知事に届け出なければならない（40条1項）。

❷変更の届出等

　特定盛土等または土石の堆積に関する工事の届出をした者は，当該届出にかかる特定盛土等または土石の堆積に関する**工事の計画の変更**（軽微な変更を除く）をしようとするときは，当該変更後の**工事に着手する日の30日前**までに，当該変更後の工事の計画を**都道府県知事に届け出**なければならない（28条1項）。

❸特定盛土等または土石の堆積に関する工事の許可

　特定盛土等規制区域内において行われる特定盛土等または土石の堆積（大規模な崖崩れまたは土砂の流出を生じさせるおそれが大きいものとして次に掲げる規模のものに限る）に関する工事については，工事主は，当該工事に着手する前に都道府県知事の許可を受けなければならない（30条1項，令28条）。

POINT
工事主は，あらかじめ，周辺地域の住民に対し，説明会の開催等の工事の内容を周知させるための措置を講じなければならない（29条）

● **特定盛土等の場合**

① **盛土**……高さ**2m**を超える崖を生ずることとなるもの

② **切土**……高さ**5m**を超える崖を生ずることとなるもの

③ **盛土と切土とを同時にする場合**……高さ**5m**を超える崖を生ずることとなるもの

④ 上記①または③に該当しない**盛土**……高さ**5m**を超えるもの

⑤　上記①〜④のいずれにも該当しない盛土または切土……
面積3,000㎡を超えるもの

●土石の堆積の場合

①　高さ5mを超え，かつ面積1,500㎡を超えるもの

②　①に該当しない土石の堆積で，面積3,000㎡を超えるもの

都道府県知事は，工事の許可に，工事の施行に伴う災害を防止するため必要な条件を付することができる。

❹許可証の交付または不許可の通知と変更の許可等 ————

都道府県知事は，特定盛土等または土石の堆積に関する工事の許可の申請があったときは，遅滞なく，**許可または不許可の処分をしなければならず**，許可の処分をしたときは許可証を交付し，不許可の処分をしたときは文書をもってその旨を通知しなければならない（33条）。

許可を受けた者は，当該許可にかかる特定盛土等または土石の堆積に関する工事の計画の変更をしようとするときは，**都道府県知事の許可を受けなければならない**（34条）。

❺完了検査等 ————

特定盛土等または土石の堆積に関する工事について許可を受けた者は，当該許可にかかる工事を完了したときは，その工事が一定の技術的基準に適合しているかどうかについて，**都道府県知事の検査を申請しなければならない**。

土石の堆積に関する工事について許可を受けた者は，当該許可にかかる工事（堆積したすべての土石を除却するものに限る）を完了したときは，工事が完了した日から4日以内に，**都道府県知事の確認を申請しなければならない**（36条，則69条）。

❻中間検査 ————

特定盛土等または土石の堆積に関する工事の許可を受けた者は，当該許可にかかる特定盛土等（128・129頁①〜⑤に掲げる規模のものに限る）に関する工事が特定工程を含む場合において，当該特定工程にかかる工事を終えたときは，その都度，工

都道府県知事は，工事をしようとする土地の区域内の土地について所有者等のすべての同意を得ていなければ，許可をしてはならない（30条2項4号）

事を終えた日から4日以内に，都道府県知事の検査を申請しなければならない（37条1項，令32条，則75条）。

❼定期の報告

　特定盛土等または土石の堆積に関する工事の許可（128・129頁①〜⑤に掲げる規模の特定盛土等または土石の堆積に関する工事にかかるものに限る）を受けた者は，3月ごとに，工事の実施の状況その他の事項を都道府県知事に報告しなければならない（38条1項，令33条，則79条）。

❽監督処分

①　都道府県知事は，偽りその他不正な手段により特定盛土等または土石の堆積に関する工事の許可もしくは変更の許可等を受けた者またはその許可に付した条件に違反した者に対して，その許可を取り消すことができる（39条1項）。

②　都道府県知事は，特定盛土等規制区域内において行われている特定盛土等または土石の堆積に関する工事で，工事の許可または変更の許可の規定に違反して許可を受けないで施行する工事等については，当該工事主等に対して，当該工事の**施行の停止**を命じ，または相当の猶予期限を付けて，擁壁等の設置その他の**災害防止措置**をとることを命ずることができる（同条2項）。

❾防災措置の勧告，改善命令

　特定盛土等規制区域内の土地の所有者，管理者または占有者は，特定盛土等または土石の堆積（特定盛土等規制区域の指定前に行われたものを含む）に伴う災害が生じないよう，その土地を常時安全な状態に維持するように努めなければならない。また，都道府県知事は，特定盛土等規制区域内の土地について，特定盛土等または土石の堆積に伴う災害の防止のため必要があると認める場合においては，その土地の所有者，管理者，占有者，工事主または工事施行者に対し，擁壁等の設置または改造その他特定盛土等または土石の堆積に伴う災害の防止のため必

要な措置をとることを勧告することができる（41条）。

　都道府県知事は，特定盛土等規制区域内の土地で，特定盛土
等に伴う災害の防止のため必要な擁壁等が設置されておらず，
もしくは極めて不完全であり，または土石の堆積に伴う災害の
防止のため必要な措置がとられておらず，もしくは極めて不十
分であるために，これを放置すれば災害の発生のおそれが大き
いと認められるものがある場合には，当該特定盛土等規制区域
内の土地所有者等に対して，相当の猶予期限を付けて，擁壁等
の設置もしくは改造，地形もしくは盛土の改良または土石の除
却のための工事を行うことを命ずることができる(42条1項)。

4 造成宅地防災区域内における規制

⊕R1・R2・R3・
R4・R5

　都道府県知事は，基本方針に基づき，かつ，基礎調査の結果
を踏まえ，この法律の目的を達成するために必要があると認め
るときは，宅地造成または特定盛土等（宅地において行うもの
に限る）に伴う災害で相当数の居住者等に危害を生ずるものの
発生のおそれが大きい一団の造成宅地（これに附帯する道路そ
の他の土地を含み，宅地造成等工事規制区域内の土地を除く）
の区域であって次の基準に該当するものを，造成宅地防災区域
として指定することができる（45条1項，令35条1項）。

① 次のいずれかに該当する一団の造成宅地の区域であっ
て，安定計算によって，地震力およびその盛土の自重によ
る当該盛土の滑り出す力がその滑り面に対する最大摩擦抵
抗力その他の抵抗力を上回ることが確かめられたもの
・盛土をした土地の面積が3,000㎡以上であり，かつ，盛
土をしたことにより，当該盛土をした土地の地下水位が
盛土をする前の地盤面の高さを超え，盛土の内部に浸入
しているもの
・盛土をする前の地盤面が水平面に対し20度以上の角度を

□Challenge
都道府県知事は，宅
地造成工事規制区域
内においても，宅地
造成に伴う災害で相
当数の居住者に危害
を生ずるものの発生
のおそれが大きい一
団の造成宅地の区域
を造成宅地防災区域
に指定することがで
きる。
（×）

なし，かつ盛土の高さが5m以上であるもの

② 盛土または切土をした後の地盤の滑動，宅地造成または特定盛土等（宅地において行うものに限る）に関する工事により設置された擁壁の沈下，切土または盛土をした土地の部分に生じた崖の崩落その他これらに類する事象が生じている一団の造成宅地の区域

❶造成宅地防災区域内における災害防止措置

造成宅地防災区域内の造成宅地の所有者，管理者または占有者は，災害が生じないよう，その造成宅地について擁壁等の設置その他必要な措置を講ずるように努めなければならない。

都道府県知事は，造成宅地防災区域内の造成宅地について，災害防止のため必要があると認める場合においては，その造成宅地の所有者，管理者または占有者に対し，擁壁等の設置その他災害の防止のため必要な措置をとることを勧告することができる（46条）。

❷改善命令

都道府県知事は，造成宅地防災区域内の造成宅地で，災害防止のため必要な擁壁等が設置されておらず，または極めて不完全であるためにこれを放置すれば災害の発生のおそれが大きいと認められるものがある場合においては，災害防止のため必要であり，かつ，土地の利用状況その他の状況からみて相当であると認められる限度において，当該造成宅地または擁壁等の所有者，管理者または占有者に対して，相当の猶予期限を付けて必要な工事を行うことを命ずることができる（47条）。

5 標識の掲示，罰則

❶標識の掲示

宅地造成等工事規制区域内において行われる宅地造成等に関する工事の許可もしくは特定盛土等規制区域内において行われ

る特定盛土等または土石の堆積に関する工事の許可を受けた工事主または特定盛土等または土石の堆積に関する工事の届出をした工事主は，当該許可または届出にかかる土地の見やすい場所に，氏名または名称等を記載した標識を掲げなければならない（49条）。

❷罰 則

　次の各号のいずれかに該当する場合には，当該違反行為をした者は， 3 年以下の懲役または1,000万円以下の罰金に処する（55条 1 項）。

① 　宅地造成等工事規制区域内において行われる宅地造成等に関する工事の許可または変更の許可の規定に違反して，宅地造成，特定盛土等または土石の堆積に関する工事をしたとき

② 　特定盛土等規制区域内において行われる特定盛土等または土石の堆積に関する工事の許可または変更の許可の規定に違反して，特定盛土等または土石の堆積に関する工事をしたとき

③ 　偽りその他不正な手段により，宅地造成等工事規制区域内において行われる宅地造成等に関する工事の許可または変更の許可，特定盛土等規制区域内において行われる特定盛土等または土石の堆積に関する工事の許可または変更の許可を受けたとき

④ 　災害防止措置または工事の施行停止命令に違反したとき

　なお，法人の代表者またはその代理人，使用人その他の従業者が，業務または財産に関し，法55条に掲げる規定の違反行為をした場合においては，その行為者を罰するほか，その法人または人に対して 3 億円以下の罰金刑を科する（60条）。

5 土地区画整理法

1 土地区画整理事業の施行者

⊕R1・R2・R3

❶土地区画整理事業の意義

土地区画整理事業は，都市計画区域内の土地について，道路，公園，広場等公共施設の整備改善および宅地の利用の増進を図るために行われるもので，土地の区画形質の変更および公共施設の新設または変更に関する事業をいう（2条1項）。

また，土地区画整理事業の施行のためもしくはその事業の施行にかかる土地の利用促進のため必要な工作物その他の物件の設置，管理および処分に関する事業または埋立もしくは干拓に関する事業が，土地区画整理事業にあわせて行われる場合には，これらの事業も土地区画整理事業に含まれる（同条2項）。

POINT

都市計画区域内の土地について行われる

☐Challenge

土地区画整理事業とは，公共施設の整備改善及び宅地の利用の増進を図るため，土地区画整理法で定めるところに従って行われる，都市計画区域内及び都市計画区域外の土地の区画形質の変更に関する事業をいう。

土地区画整理事業の仕組み

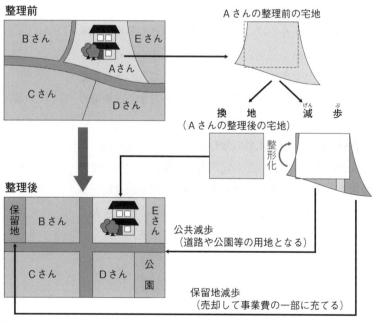

整理前

Bさん
Eさん
Aさん
Cさん
Dさん

Aさんの整理前の宅地

換　　地
（Aさんの整理後の宅地）

減　歩

整形化

整理後

保留地
Bさん
Eさん
Cさん
Dさん
公園

公共減歩
（道路や公園等の用地となる）

保留地減歩
（売却して事業費の一部に充てる）

（×）

134

土地区画整理事業の流れ

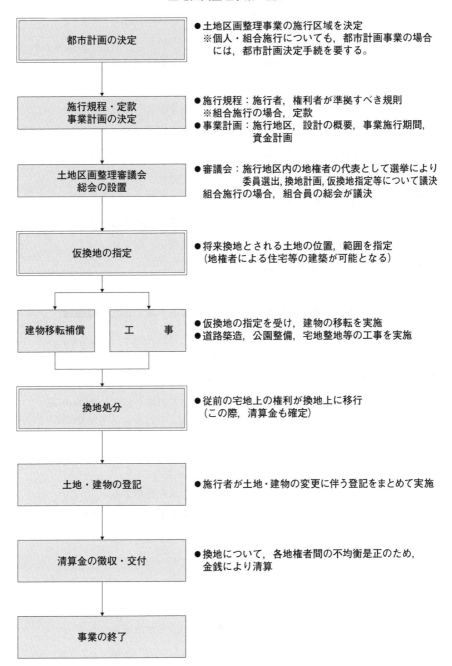

都市計画の決定	●土地区画整理事業の施行区域を決定 ※個人・組合施行についても，都市計画事業の場合には，都市計画決定手続を要する。
施行規程・定款 事業計画の決定	●施行規程：施行者，権利者が準拠すべき規則 ※組合施行の場合，定款 ●事業計画：施行地区，設計の概要，事業施行期間，資金計画
土地区画整理審議会 総会の設置	●審議会：施行地区内の地権者の代表として選挙により委員選出，換地計画，仮換地指定等について議決 組合施行の場合，組合員の総会が議決
仮換地の指定	●将来換地とされる土地の位置，範囲を指定 （地権者による住宅等の建築が可能となる）
建物移転補償　　**工　　事**	●仮換地の指定を受け，建物の移転を実施 ●道路築造，公園整備，宅地整地等の工事を実施
換地処分	●従前の宅地上の権利が換地上に移行 （この際，清算金も確定）
土地・建物の登記	●施行者が土地・建物の変更に伴う登記をまとめて実施
清算金の徴収・交付	●換地について，各地権者間の不均衡是正のため，金銭により清算
事業の終了	

❷施行地区と施行区域

　施行地区とは，事業計画において定められる土地区画整理事業を施行する土地の区域をいう（2条4項）。

　また，施行区域とは，都市計画法の規定により土地区画整理事業について都市計画に定められた施行区域をいう。施行区域の土地についての土地区画整理事業は，都市計画事業として施行されるが，都市計画法60条から74条までの土地収用等に関する規定は適用されない（3条の4）。

❸施 行 者

　土地区画整理事業の施行者は，個人施行者（1人施行または共同施行），土地区画整理組合，区画整理会社，都道府県または市町村，国土交通大臣，独立行政法人都市再生機構，地方住宅供給公社である（3条～3条の4）。

● 個人施行者

　宅地について所有権または借地権を有する者は，1人でまたは数人で共同して，当該権利の目的である宅地について，またはその宅地および一定の区域の宅地以外の土地について，土地区画整理事業を施行することができる（3条1項）。

POINT
1人でも施行することができる

　土地区画整理事業を施行しようとする者は，1人の場合は規準および事業計画を定め，数人共同の場合は規約および事業計画を定めて，その土地区画整理事業の施行について**都道府県知事の認可**を受けなければならない。この場合において，その申請をしようとするときは，施行地区となるべき区域を管轄する市町村長を経由して行わなければならない（4条1項）。

　なお，施行地区内の宅地について個人施行者の有する所有権または借地権の全部または一部を施行者以外の者が一般承継した場合には，その者が施行者となる（11条1項）。

□Challenge
個人施行者について相続があった場合には，その一般承継人が施行者以外の者であるときは，その一般承継人は，施行者となる。

● 土地区画整理組合

　宅地について所有権または借地権を有する者が設立する土地区画整理組合は，当該権利の目的である宅地を含む一定の区域

（○）

の土地について，土地区画整理事業を施行することができる（3条2項）。

　土地区画整理組合を設立しようとする者は，7人以上共同して，定款および事業計画を定め，その組合の設立について**都道府県知事の認可を受けなければならない**（14条）。また，この事業計画を定めようとする者は，宅地以外の土地を施行地区に編入する場合には，その土地を管理する者の承認を得なければならない（17条）。

　定款および事業計画について，施行地区となるべき区域内の宅地について所有権を有するすべての者およびその区域内の宅地について借地権を有するすべての者のそれぞれ3分の2以上の同意を得なければならない。この場合においては，これら同意した者の所有にかかる宅地の地積と，借地権の目的となっている宅地の地積との合計が，施行地区となるべき区域内の宅地の総地積の3分の2以上でなければならない（18条）。

POINT
7人以上が共同して，定款および事業計画を定め，都道府県知事の認可を受けなければならない

POINT
個人施行者以外の施行者は，換地計画を定めようとする場合においては，その換地計画を2週間公衆の縦覧に供しなければならない

施行者一覧表

施行者	事業計画等の策定	施行等の認可	根　拠
1　人　施　行	規準および事業計画	都道府県知事	4条1項
共　同　施　行	規約および事業計画		
土地区画整理組合	定款および事業計画	都道府県知事	14条1項
区　画　整　理　会　社	規準および事業計画	都道府県知事	51条の2
都　道　府　県	施行規程および事業計画	国土交通大臣	52条1項
市　　町　　村		都道府県知事	
国　土　交　通　大　臣	施行規程および事業計画	―――	52条1項 66条1項
都　道　府　県　知　事		国土交通大臣	
市　　町　　村　　長		都道府県知事	
地方住宅供給公社	施行規程および事業計画	国土交通大臣または都道府県知事	71条の2第1項
都　市　再　生　機　構	施行規程および事業計画	国土交通大臣	71条の2第1項

組合には，総会で選任した5人以上の理事および2人以上の監事を置く。組合員は，組合員の3分の1以上の連署をもって，その代表者から理由を記載した書面を組合に提出して，理事または監事の解任を請求することができる（27条）。

組合の総会の会議は，定款に特別な定めがある場合を除くほか，組合員の半数以上が出席しなければ開くことができず，その議事は，原則として，出席組合員の過半数で決する(34条)。

組合が施行する土地区画整理事業にかかる施行地区内の**宅地について所有権または借地権を有する者**は，すべてその組合の組合員となる（25条1項）。また，施行地区内の宅地について組合員の有する所有権また借地権の**全部または一部を承継**した者がある場合には，その組合員がその所有権または借地権の全部または一部について組合に対して有する権利義務は，**その承継した者に移転**する（26条1項）。

また，組合は，その事業に要する経費に充てるため，参加組合員以外の組合員に対して**賦課金**を徴収することができる（40条1項）。賦課金とは，組合施行の土地区画整理事業で，保留地の処分が予定価格で売れなかったりして，事業費が不足したときに組合員に賦課する追加の負担金のことである。賦課金の額は，組合員が施行地区内に有する宅地または借地の位置，地積等を考慮して公平に定めなければならない。

● **区画整理会社**

宅地について所有権または借地権を有する者を株主とする株式会社で，土地区画整理事業を施行しようとする者は，規準および事業計画を定め，その土地区画整理事業の施行について**都道府県知事の認可**を受けなければならない（51条の2）。その場合，規準および事業計画について，施行地区となるべき区域内の宅地について所有権を有するすべての者およびその区域内の宅地について借地権を有するすべての者のそれぞれの3分の2以上の同意を得なければならない（51条の6）。

□**Challenge**
組合施行の土地区画整備事業において，施行地区内の宅地について所有権又は借地権を有する者は，すべてその組合の組合員となるので，当該宅地について事業施行中に組合員から所有権を取得した者は，当該組合の組合員となる。

POINT
組合は，事業の完成により解散しようとする場合においては，都道府県知事の認可を受けなければならない

（○）

138

● **都市再生機構**

　都市再生機構は，機能的な都市活動および豊かな都市生活を営む基盤の整備が社会経済情勢の変化に対応して十分に行われていない大都市および地域社会の中心となる都市において，市街地の整備改善および賃貸住宅の供給の支援に関する業務を行うことにより，これらの都市の再生を図るとともに，良好な居住環境を備えた賃貸住宅の安定的な確保を図ることを目的としている（独立行政法人都市再生機構法1条）。

● **その他の施行者**

　その他の施行者は，施行規程および事業計画を定めなければならない。また，都道府県または市町村が施行する土地区画整理事業では，都道府県または市町村に**土地区画整理審議会**が設置され，換地計画，仮換地の指定および減価補償金の交付に関する事項についてこの法律に定める権限を行う（56条）。

2　建築制限および建築物等の移転・除却

⇔R3・R4

❶**建築行為等の制限**

　次の公告があった日後，換地処分の公告がある日までは，施行地区内において土地区画整理事業の施行の障害となるおそれがある土地の形質の変更，建築物その他の工作物の新築，改築・増築を行い，または移動の容易でない物件（その重量が5トンを超えるもの）の設置・堆積を行おうとする者は，国土交通大臣が施行する土地区画整理事業にあっては**国土交通大臣**の，その他の者が施行する土地区画整理事業にあっては**都道府県知事**（市の区域内において個人施行者，組合もしくは区画整理会社が施行し，または市が施行する土地区画整理事業にあっては，当該市長）**の許可**を受けなければならない（76条，令70条）。

　①　個人施行者が施行する土地区画整理事業⇨施行についての認可の公告または事業計画の変更についての認可の公告

> **POINT**
> この制限は，土地区画整理事業の認可の公告日から，換地処分の公告日まで適用される

② 組合が施行する土地区画整理事業⇨設立についての認可の公告または事業計画の変更についての認可の公告

③ 区画整理会社が施行する土地区画整理事業⇨施行についての認可の公告または事業計画の変更についての認可の公告

④ 市町村，都道府県または国土交通大臣が施行する土地区画整理事業⇨事業計画の決定の公告または事業計画の変更の公告

⑤ 都市再生機構または地方住宅供給公社が施行する土地区画整理事業⇨施行規程および事業計画の認可の公告または事業計画の変更の認可の公告

❷建築物等の移転および除却

土地区画整理事業の施行者は，仮換地を指定した場合において，従前の宅地に存する建築物等を移転し，または除却することが必要となったときは，これらの建築物等を移転し，または除却することができる（77条1項）。

3 換地計画・仮換地の指定

⇔R2・R3・R4

❶換地計画

施行者は，施行地区内の宅地について換地処分を行うため，換地計画を定めなければならない。この場合，施行者が個人，組合，区画整理会社，市町村または都市再生機構等のときは，換地計画について**都道府県知事の認可を受けなければならない**（86条1項）。なお，個人施行者，組合または区画整理会社が認可の申請をしようとするときは，換地計画にかかる区域を管轄する市町村長を経由して行わなければならない。

都道府県知事は，上記の者から換地計画について認可の申請があった場合には，次の事項の一に該当する事実があると**認めるとき以外は**，その認可をしなければならない（同条4項）。

POINT
施行者は，換地処分を行うため，換地計画を定めなければならない

① 申請手続が法令に違反していること。

② 換地計画の決定手続または内容が法令に違反していること。

③ 換地計画の内容が事業計画の内容と抵触していること。

また，個人施行者は，施行地区内の宅地について，所有権または借地権を有する者全員の同意を得ることが必要であり，その他の施行者は，その換地計画を2週間公衆の縦覧に供し，利害関係者は施行者に意見書を提出することができる（88条1項〜3項）。

換地計画で換地を定める場合には，原則として換地と従前の宅地の位置，地積，土質，水利，利用状況，環境等が照応（宅地の上に存した権利についても同様である）するように定めなければならない（89条）。また，公共施設の用に供している宅地等に対しては，換地計画において，その位置，地積等に特別の考慮を払い，換地を定めることができる（95条）。

ただし，次のような場合には**換地を定めないことができる**。

① 所有者の申出または同意があった場合（90条）

　　この場合，施行者は，換地を定めない宅地またはその部分について地上権，永小作権，賃借権その他の宅地を使用し，または収益することができる権利を有する者があるときは，換地を定めないことについて，これらの者の同意を得なければならない。

② 宅地地積の適正化を図る必要がある場合（91条3項）

③ 借地地積の適正化を図る必要がある場合（92条3項）

④ 宅地の立体化を図る場合（93条2項〜5項）

⑤ 公共施設の用に供している宅地の場合（95条6項）

⑥ 保留地を定める場合（96条）

また，換地による不均衡については，清算金の徴収または交付で清算されるが，その額は換地計画で定められる（94条）。

なお，施行者は，換地処分を行う前において，土地の区画形

□**Challenge**
個人施行者が換地計画を定めようとする場合において，その内容が事業計画と抵触するときは，当該個人施行者は，換地計画の認可を受けることができない。

（○）

質の変更等にかかる**工事のため必要がある場合**または**換地処分を行うため必要がある場合**には，換地計画において換地を定めないこととしている宅地の所有者等に対して，期日を定めて，当該宅地等について**使用収益を停止**させることができる（100条1項）。

❷保 留 地

　保留地とは，換地として定めない土地をいい，次の場合にこれを定めることができる（96条）。

① 　個人施行者，土地区画整理組合または区画整理会社の場合……土地区画整理事業の施行の費用に充てるため，または規準，規約もしくは定款で定める目的のため，**一定の土地**を保留地とすることができる。

② 　その他の施行者の場合……土地区画整理事業の施行後の宅地の価額の総額が施行前の宅地の価額の総額を超える場合は，土地区画整理事業の施行の費用に充てるため，その差額に相当する金額を超えない価額の一定の土地を，**保留地**とすることができる。この場合には，**土地区画整理審議会の同意**を得なければならない。

　換地計画において定められた保留地は，換地処分の公告があった日の翌日において，**施行者が取得**する（104条11項）。

　また，都道府県，市町村，国土交通大臣等が施行者であるときは，その取得した保留地を処分する場合には，当該保留地を定めた目的に適合し，かつ，施行規程に定める方法に従わなければならない（108条1項）。

❸仮換地の指定とその効果

　施行者は，換地処分を行う前に，土地の区画形質の変更もしくは公共施設の新設もしくは変更にかかる工事のため必要がある場合，または換地計画に基づき換地処分を行うため必要がある場合には，施行地区内の宅地について**仮換地を指定**することができる（98条1項）。

□**Challenge**
土地区画整理組合は，土地区画整理事業の施行の費用に充てるためのみならず，その定款で定める目的のため，換地計画に保留地を定めることができる。

（○）

　なお，土地区画整理事業の施行者が施行地区内の宅地について仮換地を指定しようとする場合，**個人施行者**は，あらかじめ，その指定について，**従前の宅地の所有者等の同意を得なければならない**。また，**土地区画整理組合は総会等の同意を得な**ければならず，**都道府県または市町村**，**都市再生機構**，**地方住宅供給公社**等は，**土地区画整理審議会の意見を聴かなければならない**（同条3項）。

　区画整理会社は，仮換地を指定しようとする場合には，あらかじめ，その指定について，施行地区内の宅地について所有権を有するすべての者およびその区域内の宅地について借地権を有するすべての者のそれぞれの**3分の2以上の同意を得なければ**ならない。（同条4項）。

① **仮換地の指定**は，その仮換地となるべき土地の所有者および従前の宅地の所有者に対し，仮換地の位置，地積ならびに仮換地の指定の効力発生の日を通知することによって行われる（同条5項）。

② 仮換地は，換地処分を行う前に，仮の換地となるべき宅地を指定し，この仮換地に従前の宅地に存した使用収益を行使できる権原を付与するものである。しかし，処分権は従前の宅地に存するので，仮換地を目的とする売買は，**仮換地により表現される従前の宅地の売買として構成される**ことになる。

③ 仮換地が指定されると，従前の宅地について権原に基づき使用収益することができる者は，仮換地の指定の**効力発生の日から換地処分にかかる公告の日まで**，**仮換地または**仮換地について仮に使用収益することができる**権利の目的となるべき宅地**（またはその部分）について，従前の宅地について有する権利の内容と同じ**使用収益をすることができる**。これとは逆に，**従前の宅地については**，**使用収益することができない**（99条1項）。

POINT
従前の宅地について所有権の処分，抵当権の設定等をすることができる

□Challenge
仮換地の指定があった場合，従前の宅地について権原に基づき使用し，又は収益することができる者は，仮換地の指定の効力発生の日から換地処分の公告がある日まで，従前の宅地の使用又は収益を行うことができない。
（○）

④ 施行者は，仮換地を指定した場合において，その仮換地に使用収益の障害となる物件が存するときその他特別の事情があるときは，その仮換地について使用収益を開始することができる日を仮換地の指定の効力発生日と別に定めることができる（同条2項）。

⑤ 施行者は，換地処分を行う前に，土地の区画形質の変更もしくは公共施設の新設および変更にかかる工事のため必要がある場合，または換地計画に基づいて換地処分を行うため必要がある場合には，換地計画において，換地を定めないこととされている宅地の所有者とその他の権利者に対し，期日を定めて**従前の宅地**について**使用収益を停止**させることができる（100条1項）。

⑥ 仮換地の指定もしくは権利指定をした場合または前記により使用収益を停止させた場合において，使用収益をすることができる者のなくなった従前の宅地等については，換地処分の公告がある日まで，**施行者がこれを管理**する（100条の2）。

4 換地処分・清算等

❶換地処分とその効果

換地処分（従前の土地に存した所有権その他の権利をそのまま換地上に移行させる行政処分）は，権利の終局的確定処分であるから，原則として土地区画整理事業の工事が完了した後において，換地計画において定められた事項を関係権利者に**通知**することによって行われる。ただし，規準，規約，定款または施行規程に別段の定めがある場合においては，換地計画にかかる区域の全部について工事が完了する以前においても換地処分をすることができる。

この場合，個人施行者，組合，区画整理会社，市町村または

POINT
換地は従前の土地とみなされる

POINT
施行者は，換地処分後ただちに，土地および建物の変動にかかる登記を申請し，または嘱託しなければならない

都市再生機構などは，遅滞なくその旨を都道府県知事に届け出
なければならない。また，国土交通大臣または都道府県知事は，
換地処分をした旨の公告をしなければならない（103条）。

換地処分が行われると，次のような効果が生ずる。

① 換地計画で定められた**換地**は，換地処分の公告のあった
日の**翌日**から，**従前の土地**とみなされる。換地計画で換地
を定めなかった従前の土地について存する権利は，公告の
日に消滅する（104条1項，2項）。

② 施行地区内の宅地について存する**地役権**は，行使する利
益がなくなったものを除き，換地処分の公告があった日の
翌日以後においてもなお従前の宅地の上に存する（同条4
項，5項）。

③ 立体換地の場合は，公告のあった日の翌日において，そ
の建築物の一部および敷地の共有持分を取得し，従前の土
地について存した担保物件はその**共有持分の上に存続**する
（同条6項）。

④ 換地計画で定められた**清算金**は，公告のあった日の翌日
において**確定**する（同条8項）。

⑤ 組合が施行する土地区画整理事業の換地計画において参
加組合員に対して与えるべきものとして定められた宅地
は，換地処分の公告があった日の翌日において，当該参加
組合員が取得する（同条10項）。

⑥ 換地計画で換地を宅地以外の土地に定めた場合におい
て，その土地にある公共施設が廃止されるときは，これに
代わるべき**公共施設の用に供する土地**は，その廃止される
公共施設の用に供していた土地が，国または地方公共団体
の所有である場合には，換地処分の公告があった日の翌日
において，それぞれ国または**地方公共団体**に帰属する（105
条1項）。

⑦ 土地区画整理事業の施行により生じた公共施設の用に供

□**Challenge**
施行地区内の宅地に
ついて存する地役権
は，行使する利益が
なくなった場合を除
き，換地処分にかか
る公告があった日の
翌日以後において
も，なお従前の宅地
の上に存する。

（○）

する土地は，換地処分の公告があった日の翌日において，
その公共施設を管理すべき者に帰属する（同条3項）。

　土地区画整理事業の施行により**公共施設**が設置された場合に
は，その公共施設は，換地処分の公告があった日の翌日におい
て，その公共施設の所在する**市町村の管理**に属するものとする。
ただし，管理すべき者について，他の法律または施行規定等に
別段の定めがある場合は，この限りでない（106条1項）。

❷土地区画整理に伴う登記等

①　施行者は，法76条1項各号に掲げる公告（個人施行者の
場合には，その施行についての認可の公告など）があった
場合には，当該施行地区を**管轄**する登記所に，施行地区に
含まれる土地の名称（町名もしくは字名および地番），換
地処分の予定時期などを届け出なければならない（83条）。

②　施行者は，法103条4項の公告（換地処分の公告）があっ
た場合には，直ちに，換地明細書などを添付して，その旨
を換地計画にかかる区域を**管轄する登記所**に通知しなけれ
ばならない（107条1項）。

③　施行者は，換地処分の公告があった場合において，施行
地区内の**土地・建物**について土地区画整理事業の施行に
よって変動があったときは，遅滞なく，その**変動にかかる**
登記の申請または嘱託をしなければならない（同条2項）。

④　換地処分の公告があった日後は，上記③の登記がなされ
るまでは，他の登記はすることができない。ただし，登記
の申請人が確定日付のある書類によりその公告前に登記原
因が生じたことを証明した場合には，上記③の登記がなく
とも，登記の申請をすることができる（同条3項）。

❸清　算　金

　換地と従前の宅地との間に不均衡が生ずると認められるとき
は，両者の位置，地積，土質，水利，利用状況，環境等を総合
的に考慮して，**清算金の額を換地計画**で定めなければならない

POINT
清算金は，換地処分
時の土地所有者に帰
属する

（94条）。また，この清算金は，国土交通大臣または都道府県知事の換地処分があった旨の**公告があった日の翌日**において**確定**する（104条8項）。

都道府県もしくは市町村等が施行する土地区画整理事業の施行後の宅地の価額の総額が施行前の宅地の価額の総額より減少した場合においては，その差額に相当する金額（減価補償金）を，従前の宅地の所有者およびその宅地について地上権，永小作権，賃借権その他の宅地を使用収益することができる権利を有する者に対して交付しなければならない（109条）。

施行者は，換地処分があった旨の公告があった場合には，確定した清算金を徴収し，または交付しなければならない。この場合において，確定した清算金と仮清算金との間に差額があるときは，施行者は，その差額に相当する金額を徴収し，または交付しなければならない（110条1項）。

また，施行者は，施行地区内の宅地または宅地について存する権利について清算金または減価補償金を交付する場合において，当該宅地または権利について**先取特権，質権**または**抵当権**があるときは，その**清算金**または**減価補償金**を供託しなければならない。ただし，これらの債権者から供託しなくともよい旨の申出があったときは，この限りではない（112条）。

❹土地区画整理事業の重複施行の制限

現に施行されている土地区画整理事業の施行地区となっている区域については，その施行者の同意を得なければ，その施行者以外の者は，土地区画整理事業を施行することができない。施行者の同意を得て新たに施行者となった者がある場合には，その土地区画整理事業は，新たに施行者となった者に引き継がれる（128条1項・2項）。

□**Challenge**
換地計画において定められた清算金は，換地処分にかかる公告があった日の翌日において確定する。

POINT
清算金の徴収または交付は，換地処分の公告後に行う

（○）

6 農 地 法

1 農地の定義

↩R2・R3

❶この法律の目的

　この法律は，農地が現在および将来における国民のための限られた資源であり，かつ，地域における貴重な資源であることにかんがみ，耕作者自らによる農地の所有が果たしてきている重要な役割も踏まえつつ，**農地を農地以外のものにすることを規制する**とともに，農地を効率的に利用する耕作者による地域との調和に配慮した農地についての権利の取得の促進，農地の利用関係の調整，農地の農業上の利用を確保するための措置を講ずることにより，耕作者の地位の安定と国内の農業生産の増大を図ることを目的とする（1条）。

❷農地の定義と農地について権利を有する者の責務

　農地法の適用を受ける**農地**とは，「**耕作の目的に供される土地**」をいう（2条1項）。牧草栽培地やわさび田等も耕作の目的に供されている限り農地であり，山林を開墾して畑とした土地に果樹の苗を植え，肥培管理をして果樹の栽培をしている土地も耕作の目的に供せられる農地と解されている。また，現に耕作の目的に供せられていない休閑地や不耕作地でも，正常な状態なら耕作されると考えられる土地は農地と解される。

　なお，農地法は**現況主義**によるから，登記上の地目のいかんにかかわらないし，また，所有者や使用者の主観的な使用目的とも関係なく，すべて事実状態からみて農地か否かを決めることになる。

　次に，**採草放牧地**とは，「農地以外の土地で，主として耕作または養畜の事業のための採草または家畜の放牧の目的に供されるもの」をいう（2条1項）。

POINT

法人の代表者が法3条〜5条に違反した場合には，本人が罰せられるほか，その法人も1億円以下の罰金刑が科せられる

POINT

法の適用については，土地の面積は，登記簿の地積によるとされているが，登記簿の地積が著しく事実と相違する場合および登記簿の地積がない場合には，実測に基づき，農業委員会が認定したところによる（56条）

農地について所有権または賃借権その他の使用・収益を目的とする権利を有する者は，当該農地の農業上の適正かつ効率的な利用を確保するようにしなければならない（2条の2）。

POINT
農地の賃貸借の存続期間については，民法の上限の50年が適用される

2 農地または採草放牧地の権利移動の制限

↩R1・R2・R3・
R4・R5

●権利移動の制限

農地または採草放牧地について，所有権を移転し，または地上権，永小作権，質権，使用貸借による権利，賃借権もしくはその他の使用および収益を目的とする権利を設定し，もしくは移転する場合には，**当事者が農業委員会の許可を受けなければならない**（3条1項）。農業委員会は，市町村に設置されている行政機関で，農地法に基づく売買・貸借の許可，農地の利用関係の調整等を中心に農地に関する事務を執行する。

POINT
原則として，農業委員会の許可を受ける

農業委員会は，条件をつけて許可をすることができる（同条5項）。また，許可を受けないで，農地または採草放牧地の所有権の移転等の契約を締結した場合には，その**所有権の移転等の効力は生じない**（同条6項）。

POINT
農地等に抵当権を設定するときは，許可を受ける必要はない

ただし，次のような場合には，許可を必要としない（3条1項ただし書）。

① 農林水産大臣が管理する農地または採草放牧地について，そのすべてを効率的に利用して耕作または養畜の事業を行うと認められる者等に売り払う場合

☐Challenge
市街化区域内の農地を耕作の目的に供するために取得する場合は，あらかじめ農業委員会に届け出れば，農地法第3条第1項の許可を受ける必要はない。

② 遊休土地の所有権の移転等について農業委員会の勧告による農地の所有者等と農地中間管理機構との協議がととのわない場合に，都道府県知事の裁定を受け農地中間管理機構が農地中間管理権（賃借権）を設定する場合

③ 所有者等を確知することができない場合における遊休農地の利用について，農地中間管理機構が，都道府県知事の裁定を受け利用権を取得する場合

POINT
農地等の賃貸借は，その登記がなくても引渡しがあったときは，これをもってその農地等について物権を取得した第三者に対抗することができる（16条）

（×）

④　権利を取得する者が国または都道府県である場合

⑤　土地改良法等による交換分合によって権利が設定され，または移転される場合

⑥　農業経営基盤強化促進法によって利用権が設定され，移転される場合

⑦　農地中間管理事業の推進に関する法律によって賃借権等による権利が設定され，または移転される場合

⑧　特定農山村地域活性化基盤整備促進法または農山漁村活性化法等によって所有権等が設定され，移転される場合

⑨　民事調停法による農事調停によって権利が設定され，移転される場合

⑩　土地収用法その他の法律によって権利が収用され，使用される場合

⑪　遺産の分割等によって権利が設定され，移転される場合

⑫　農地利用集積円滑化団体または農地中間管理機構が，あらかじめ農業委員会に届け出て権利を取得する場合

⑬　信託事業を行う農業協同組合または農地保有合理化法人が，信託の引受けにより所有権を取得する場合等

⑭　農地中間管理機構が，あらかじめ農業委員会に届け出て，農地中間管理事業の実施により農地中間管理権を取得する場合

⑮　指定都市が，古都における歴史的風土の保存に関する特別措置法による買入れによって所有権を取得する場合

　農業委員会は，周辺の地域における農地または採草放牧地の農業上の効率的かつ総合的な利用の確保に支障が生じている場合等には，法3条の許可を受けて農地または採草放牧地について使用貸借による権利または賃借権の設定を受けた者に対し，相当の期限を定めて，必要な措置を講ずべきことを**勧告**することができる。また，勧告に従わなかったとき等には，許可を取り消さなければならない（3条の2）。

なお，相続（遺産分割および包括遺贈を含む），法人の合併・分割，時効等により**権利を取得した者**は，遅滞なく，農業委員会にその旨を届け出なければならない（3条の3）。

❷許可の要否のポイント

規制の対象とならないもの	3条許可を要するもの
相続，合併，（債務不履行による）法定解除，無効，持分の放棄，包括遺贈，遺留分減殺，時効取得　など	贈与，競売，約定解除，合意解除，共有物の分割，持分の譲渡，買戻権の行使，（売買予約に基づく）予約完結権の行使，譲渡担保，特定遺贈　など

● 相　続

相続による権利移動は，民法の規定に基づき当然に生ずる効果であるから，3条許可を要しない。

● 遺産分割

遺産分割による権利移動は，被相続人から直接に承継したものであって他の共同相続人から権利移動を受けたものでないことから，農地法は許可不要としている（3条1項12号）。

● 遺　贈

遺言によって遺産を与える遺贈には，遺産の全部または一定割合を与える「包括遺贈」と，特定の財産的利益を与える「特定遺贈」がある。包括遺贈の場合，包括受遺者は実質的に相続人と同一の権利義務を負うことから，許可を要しない。特定遺贈の場合，一般の権利移動と同様であるから，許可を要する。

● 法定解除と合意解除

解除には，債務不履行があった場合の「法定解除」と，当事者が解除権を行使する「約定解除」，新たな契約によって既存の契約を解消する「合意解除」とがある。法定解除は，法律の規定によるものであるから許可を要しない。合意（約定）解除は，当事者の意思に基づくものであり，解除による権利の復帰は，新たな権利移動とみられることから許可を要する。

● 共有持分の放棄，共有物分割，持分の譲渡

共有持分の放棄は，意思表示によるものでなく法律の規定に

基づくものであるので許可を要しない。これに対して共有物分割の法的性質は、持分の交換または譲渡であるから許可を要する。また、持分の譲渡の実質は、持分の売買または贈与であるから許可を要する。

❸許可することができない場合

3条許可は、次のような場合にはすることができない（同条2項）。

① 権利を取得しようとする者が、取得後に農地および採草放牧地のすべてを効率的に利用して耕作等の事業を行うと認められない場合

② 農地所有適格法人以外の法人が権利を取得しようとする場合

③ 信託の引受けにより権利が取得される場合

④ 権利を取得しようとする者（農地所有適格法人を除く）がその取得後において行う耕作等の事業に必要な農作業に常時従事すると認められない場合

⑤ 農地等取得後の耕作等の事業に供すべき農地等の面積の合計が、北海道では2ヘクタール、都府県では50アールに達しない場合

⑥ 農地または採草放牧地につき所有権以外の権原に基づいて耕作等の事業を行う者がその土地を貸し付け、または質入れしようとする場合

⑦ 事業の内容ならびに位置および規模からみて、農地または採草放牧地の農業上の効率的かつ総合的な利用の確保に支障を生ずるおそれがあると認められる場合

なお、農業委員会は、農地または採草放牧地について**使用貸借**による権利または**賃借権**が設定される場合において、これらの権利を取得しようとする者が地域の他の農業者との適切な役割分担のもとに継続的かつ安定的に農業経営を行うと見込まれる等の要件を満たすときは、許可をすることができる（同条3

項)。

3 農地の転用の制限

❶転用の許可

自己が所有する農地を，宅地など農地以外のものにしようとする者は，都道府県知事（農林水産大臣が指定する市町村の区域内にあっては，指定市町村の長。以下「都道府県知事等」という）の許可を受けなければならない（4条1項）。

この場合，許可を受けようとする者は，必要事項を記載した申請書を，農業委員会を経由して都道府県知事等に提出しなければならない(同条2項)。また，都道府県知事等の許可は，条件を付けてすることができる（同条7項）。

ただし，次のような場合には，許可を必要としない（同条1項ただし書）。

① 法5条1項の規定に基づく許可を受けた場合

② 国または都道府県等が道路，農業用用排水施設その他の施設の用に供するため，転用する場合（ただし，学校，社会福祉施設，病院，庁舎，宿舎については，都道府県知事等との協議が成立すれば，許可があったものとみなされる）

③ 農業経営基盤強化促進法または農地中間管理事業の推進に関する法律によって農用地利用集積計画に定める利用目的に供する場合

④ 特定農山村地域活性化基盤整備促進法または農山漁村活性化法により所有権移転等促進計画に定める利用目的に供する場合

⑤ 土地収用法等によって，収用または使用にかかる目的に供する場合

⑥ 市街化区域（都市計画法23条1項の規定により国土交通大臣または都道府県と農林水産大臣との協議がととのった

POINT
原則として，都道府県知事等の許可を受ける

□**Challenge**
自己所有の農地を宅地に転用する場合，農地法第4条により都道府県知事等の許可を受ける必要がある。

（○）

153

ものに限る）内の農地を，あらかじめ農業委員会に届け出
て転用する場合

⑦　その他，耕作の事業を行う者が自己の農作物育成等のた
めに農地（2アール未満のものに限る）を農業用施設に転
用する場合（則29条1号）等農林水産省令で定める場合

なお，法4条1項は「農地を農地以外のものにする者は」と
定めているので，自己所有の**採草放牧地**を，その所有者が自ら
転用する場合には，許可を受ける必要はない。

POINT
市街化区域内の農地
を転用する場合は，
あらかじめ農業委員
会に届け出ればよい

❷許可することができない場合

次に掲げるいずれかに該当する場合には，転用の許可をする
ことができない（同条6項）。

①　農用地区域内にある農地，ただし，農用地利用計画にお
いて指定された用途に供するための転用は除かれる。

②　①に掲げる農地以外の農地で，集団的に存在する農地そ
の他の良好な営農条件を備えている農地

③　申請者に農地を転用する行為を行うために必要な資力お
よび信用があると認められないこと。また，申請にかかる
農地を転用する行為の妨げとなる権利を有する者の同意を
得ていないこと。

④　農地を転用することにより，土砂の流出または崩壊その
他の災害を発生させるおそれがあると認められる場合，そ
の他の周辺の農地にかかる営農条件に支障を生ずるおそれ
があると認められる場合

⑤　仮設工作物の設置その他の一時的な利用に供するための
転用で，その利用に供された後にその土地が耕作の目的に
供されることが確実に認められないとき。

4　農地または採草放牧地の転用のための権利移動の制限　⊕R1・R5

農地または採草放牧地を宅地等にする目的で，これらの土地

について所有権を移転し，または権利（地上権，永小作権，質権，使用貸借による権利，賃借権等）を設定する場合には，当事者（売主・買主）が都道府県知事等の許可を受けなければならない（5条1項）。この場合，許可を受けようとする者は，必要事項を記載した申請書を，農業委員会を経由して，都道府県知事等に提出しなければならない（令15条1項）。

ただし，次の場合には，許可を必要としない（5条1項ただし書，則53条）。

①　国または都道府県等が道路，農業用用排水施設その他の施設の用に供するため，転用する場合（ただし，学校，社会福祉施設，病院，庁舎，宿舎については，都道府県知事等との協議が成立すれば，許可があったものとみなされる）

②　農地中間管理事業の推進に関する法律による公告があった農用地利用集積等促進計画の定めるところによって賃借権が設定され，移転される場合

③　特定農山村地域における農林業等の活性化のための基盤整備の促進に関する法律による所有権移転等促進計画に定める利用目的に供する場合

④　農山漁村の活性化のための定住等及び地域間交流の促進に関する法律による所有権移転等促進計画に定める利用目的に供する場合

⑤　土地収用法等によって収用され，または使用される場合

⑥　市街化区域内にある農地を，あらかじめ農業委員会に届け出て，農地および採草放牧地以外のものにする場合

⑦　その他農林水産省令で定める場合

また，転用のための権利移動の許可についても，前記の転用の許可とおおむね同じような事由に該当する場合には，許可することができないものとしている（5条2項）。

都道府県知事等は，条件をつけて許可をすることができる（同条5項）。また，許可を受けないで，転用を目的とした売買，

POINT

原則として，都道府県知事等の許可を受ける

□Challenge

農地を転用するため買い受ける場合，農地法第3条の権利移動の許可と同法第4条の農地転用の許可の両方の許可を受ける必要がある。

POINT

市街化区域内の農地または採草放牧地を転用の目的で取得する場合には，あらかじめ農業委員会に届け出ればよい

（×）

賃貸借等を行った場合には，その**所有権の移転**等の**効力**は生じ
ない（同条3項）。

　なお，国または都道府県等が，農地または採草放牧地を転用
目的で取得しようとする場合には許可が必要であるが，国また
は都道府県等と都道府県知事等との協議が成立することをもっ
て許可があったものとみなす（同条4項）。

　法4条1項・5条1項の規定に違反した場合，違反者または
その一般承継人，工事を請け負った者等に対して原状回復等の
措置が命じられ（51条1項），3年以下の懲役または300万円以
下の罰金に処せられることがある（64条）。

5 利用関係の調整等

❶農地または採草放牧地の賃貸借の対抗力

　農地または採草放牧地の賃貸借は，その登記がなくても，農
地または採草放牧地の引渡しがあったときは，これをもってそ
の後その農地または採草放牧地について物権を取得した第三者
に対抗することができる（16条）。

❷農地または採草放牧地の賃貸借の解約等の制限

　農地または採草放牧地の賃貸借の当事者は，都道府県知事の
許可を受けなければ，賃貸借の解除をし，解約の申入れをし，
合意による解約をし，または賃貸借の更新をしない旨の通知を
してはならない。都道府県知事の許可を受けないでした行為は，
その効力を生じない（18条）。

□**Challenge**
農地の賃貸借及び使
用貸借は，その登記
がなくても農地の引
渡しがあったとき
は，これをもってそ
の後にその農地につ
いて所有権を取得し
た第三者に対抗する
ことができる。

（×）

索　引

い

維持保全 ………………………………60
一団の土地 ……………………………115
一般的基準 ……………………………34
違反建築物に対する措置 ……………60

え

衛　生 …………………………………69
延焼のおそれのある部分 ……………53
沿道地区計画 …………………………20

か

開発許可の申請 ………………………32
開発行為 ………………………………31
開発整備促進区 …………………22, 25
外壁の後退距離の制限 ………………93
仮換地の指定 …………………………142
仮命令 …………………………………61
監視区域 ………………………………118
換地計画 ………………………………140
換地処分 ………………………………144
完了検査 ………………………………57

き

規制区域 ………………………………112
既存不適格建築物 ……………………54
北側境界線の斜線制限 ………………98
許可基準（開発行為） ………………34
許可に基づく地位の承継 ……………46
居住環境向上用途誘導地区 …………17
　　　　　　　　　　—内の制限 ……104
居住調整地域 …………………………17
近隣商業地域 …………………………16

く

区域区分 …………………………14, 23
区画整理会社 …………………………138

け

景観地区 ………………………………17
建築確認 ………………………………55
建築監視員 ……………………………62
建築協定 ………………………………108

　　　　　—の効力 …………………110
建築主事等 ……………………………54
建築審査会 ……………………………54
建築物 …………………………………52
　　　—の建築等の規制 ……………40
　　　—の敷地面積 …………………92
　　　—の接道義務 …………………74
　　　—の高さの制限 ………………94
　　　—の用途制限 …………………77
建蔽率 …………………………………88
権利移転等の許可 ……………………112
権利移動の制限 ………………………149

こ

工業専用地域 …………………………16
工業団地造成事業 ……………………19
工業地域 ………………………………16
航空機騒音障害防止地区 ……………17
工事停止命令 …………………………61
工事主 …………………………………123
高層住居誘導地区 ……………………16
　　　　　　　—内の制限 …………83
構造計算適合性判定 …………………56
構造耐力 ………………………………64
高度地区 ………………………………17
　　　　—内の制限 …………………102
高度利用地区 …………………………17
　　　　　　—内の制限 ……………102
個人施行者 ……………………………136

さ

災害危険区域 …………………………71
再開発等促進区 …………………21, 25
採草放牧地 ……………………………148

し

市街化区域 ………………………14, 23
市街化調整区域 ………………14, 25, 42
市街地開発事業 …………………18, 24
市街地開発事業等予定区域 …………24
市街地再開発事業 ……………………19

157

事後届出 ……………………………114
事前届出 ……………………117, 118
市町村都市計画審議会……………29
指定確認検査機関…………………56
重要土地等調査法………………120
住宅街区整備事業…………………19
集団規定……………………………63
集落地区計画………………………20
主要構造部…………………………53
準工業地域…………………………16
準住居地域…………………………16
準耐火建築物 …………………53, 68
準耐火構造…………………………53
準都市計画区域 …………………11, 25
準防火性能…………………………66
準防火地域………………………17, 105
商業地域……………………………16
使用制限……………………………59
新住宅市街地開発事業……………18
新都市基盤整備事業………………19

せ
清算金 ……………………………146
生産緑地地区………………………17
接道義務……………………………74
前面道路の斜線制限………………94

そ
造成宅地防災区域 ………………131
促進区域 …………………………15, 24

た
第1種住居地域……………………16
第1種中高層住居専用地域………16
第1種低層住居専用地域…………16
第1種特定工作物…………………31
耐火建築物 ……………………53, 68
耐火構造……………………………53
第2種住居地域……………………16
第2種中高層住居専用地域………16
第2種低層住居専用地域…………16
第2種特定工作物…………………32
宅 地 ……………………………122
宅地造成 …………………………122
―――等工事規制区域 …………124

単体規定……………………………63

ち
地域地区 …………………………15, 23
地区計画…………………………20, 24
中間検査……………………………58
注視区域 ………………………117, 120
駐車場整備地区……………………17

て
田園住居地域 …………………16, 43
伝統的建造物群保存地区…………17
転用の許可………………………153
転用のための権利移動 …………144

と
道 路 ………………………………71
―――内の建築制限………………75
特殊建築物…………………………52
―――の構造制限…………………67
特定街区…………………………17, 103
特定行政庁…………………………54
特定工作物…………………………31
特定主要構造部……………………53
特定防災街区整備地区…………17, 107
特定盛土等………………………122
―――規制区域…………………127
特定用途制限地域………………16, 80
特定用途誘導地区………………17, 104
特別基準……………………………36
特別注視区域……………………120
特別用途地区 …………………16, 80
特例容積率適用地区………………16
特別緑地保全地区………………17, 121
都市計画…………………………14
―――基準…………………………22
―――区域…………………………11
―――事業…………………………45
―――の決定………………………26
―――の変更………………………29
都市再生機構 ……………………139
都市再生特別地区………………17, 103
都市施設 ………………………18, 24
―――等整備協定…………………46
土石の堆積 ………………………133

土地区画整理組合 ……………………136
土地区画整理事業…………………18, 134
　　　　　　　　の施行者 ……………136
土地区画整理審議会 …………………139
土地・建物等の先買い…………………47
土地の買取請求…………………………48
土地の先買い……………………………49
土地売買等の契約 ……………………112
都道府県都市計画審議会…………11, 12, 28
届出制度 ………………………………120

に

2項道路等………………………………72
日影による中高層建築物の高さの制限……99

の

農業委員会 ……………………………149
農　　地 ………………………………148

ひ

避難施設等………………………………71
避雷設備…………………………………70

ふ

風致地区 ……………………………17, 44
文化財等…………………………………53

へ

壁面線……………………………………76

ほ

防災街区整備事業………………………19
防災街区整備地区計画…………………20
防火構造…………………………………53
防火地域……………………………17, 105
保留地 …………………………………142
本命令……………………………………61

ゆ

遊休土地 ………………………………116

よ

容積率……………………………………81
用途地域……………………………14, 16, 77

り

流通業務地区……………………………17
緑地保全地域………………………17, 121
緑化地域…………………………………17
臨港地区…………………………………17
隣地境界線の斜線制限…………………97

れ

歴史的風致維持向上地区計画…………20
歴史的風土特別保存地区………………17
歴史的風土保存地区……………………17

令和6年版 宅地建物取引士 学習テキスト
②法令上の制限

2024年4月25日　初版第1刷発行

〔検印廃止〕　編　　者　不動産取引実務研究会

　　　　　　　発行者　延 對 寺　　哲

発行所　株式会社ビジネス教育出版社
　　　　〒102-0074　東京都千代田区九段南4—7—13
　　　　☎03(3221)5361(代表)　FAX：03(3222)7878
　　　　E-mail info@bks.co.jp https://www.bks.co.jp

落丁・乱丁はお取り替えします。　　印刷・製本／亜細亜印刷㈱
ISBN978-4-8283-1065-7